Samurai Ladies to Forge Japan's Future

世界に輝く
ヤマトナデシコの底力

Ruth Jarman Shiraishi
ルース・ジャーマン・白石

公益財団法人
モラロジー研究所

はじめに

アメリカ人である私は、今日まで三十年に近い年月を日本という外国で暮らして、この国と人のすばらしさを感じる出来事をたくさん経験してきました。やがて「私の大好きな日本と日本人の姿」をぜひとも書きとめ、皆さんに伝えていきたいと思うようになり、生まれたものが『日本人が世界に誇れる33のこと』『やっぱりすごいよ、日本人』（あさ出版）という二冊の著書です。

アイルランドからアメリカに渡ってきた先祖の開拓者精神ＤＮＡのおかげなのか、私は小さいころから物事をポジティブにとらえる傾向がありました。出身国のアメリカについてもポジティブですし、他に訪れるインドや中国、ヨーロッパなどでも大好きなところをいっぱい見つけることができます。比較的簡単に見つかるネガティブなことよりも、プラスの面から物事を見る力は、自分自身の誇りとするところでもあります。

それは決して楽観的とか、理想的・非現実的な考え方というわけではありません。現実と向き合ったうえで、その現実をどのように前向きにとらえることができるかを常に考え、人生の峠からいただくチャレンジを勉強材料として、積極的に取り組んでいくことを大切にしているのです。

「日本のマイナスなところはどんな点ですか？」とよく聞かれますが、私はあえてマイナスから目を離し、ポジティブであることに集中するようにしています。不思議なもので、ポジティブな点を見つける努力をしていると、マイナスのことを建設的にとらえるのが楽しく思えてきます。私の発見したポジティブな点として、「日本の皆さんが誇れるところ」を大きく取り上げ、多くの方にシェアできれば何より幸いです。

これはあくまで私の体験に基づく実感ですから、「アメリカ人はみんながこう思っている」というわけではありませんし、「日本人や日本の家庭は、全部そういうふうになっている」とも思いません。また「アメリカと日本、どちらかのやり方が優れていて、もう一方はよくない」というわけでもないのですが、私の経験した中で「日本にはこんなにすばらしいところがある」ということを伝えて、それが心に響く人がいればいいと思ったのです。

今回は、特に日本の女性たちが持つ「力」に注目した本をつくることになりました。可憐《かれん》で繊細、優しくてしとやかだけど、心の内には強さを秘めている――「大和撫子《やまとなでしこ》」という美称の通り、私が出会ってきた日本の女性たちにはネバーギブアップの精神がありました。その内に秘めた力を遮《さえぎ》ることなく、存分に発揮できる社会を築いていきたい。これは、私の心からの願いです。

この本は、女性の社会進出だけを応援するものではありません。誇りを持って家族のサポートに努める専業主婦という伝統的な生き方を「女性を束縛するもの」「フェミニズムに反するもの」と断じてしまっては、せっかくの女性の力と可能性を狭めることになるのではないでしょうか。それはキャリアウーマンとして仕事と子育ての両立をめざす生き方と同等に、「貴重な選択肢の一つ」として尊重されるべきものだと思うのです。

お母さんが輝けば、家庭が輝く。女性が輝けば、日本社会をはじめ世界が輝く。

私はアメリカ人ですが、一方では就職、結婚、出産、子育ても含めた人生の大半を（そして離婚も）、日本で歩んできた「仲間の一人」です。本書を通じてヤマトナデシコ（敬意を込めて「サムライ・レディー」と呼びたいと思います）の皆さんへの応援メッセージを届け、ご一緒に輝かしい未来を開いていけることを願っています。

二〇一五年四月

ルース・ジャーマン・白石

目 次

〈イラスト・まんが〉ゼリービーンズ
〈装丁〉株式会社エヌ・ワイ・ピー

第Ⅰ章

発見！
日本の魅力

日本とも縁の深いハワイで生まれ育ち、
大学3年生の時、日本へ留学。
今や日本は私にとって
母国と同じく大好きな国の一つです。
そんな私が日々発見してきた
日本の魅力からお話ししたいと思います。

1
親切な日本人
はーい、はじめまして。
ルース・ジャーマン・白石《しらいし》です。
ハワイ出身のアメリカ人です
私はボストンの大学で日本語の勉強をしていました。
大学3年生の時 日本の大学に留学したのが 私と日本との 初めての出会いでした。
私が留学の準備をしているある日のこと。
ピンポーン
ルーシー お手紙だよ
サンキュー。わお！ ジャパンからの手紙だわ！
日本のホストファミリーのお母さんから私宛《あて》に手紙が届いたのです。
にほんの おかあさんより
ルースさん
に
えーっと
あぅ のを
たのしみに
しています
それは読みやすいように すべて丁寧《ていねい》なひらがなで 書かれていました。
るーすさんにあう のをたのしみに しています。 うちのおとうさんは おとなしいひとです が、るーすさんとお はなしした
これが日本の女性の気づかい……。素敵！
思い出すだけで今も心が温まります。

1986年秋
私は日本へ旅立ちました。
到着《とうちゃく》したのは夜の9時過ぎ。
冷たい風が吹《ふ》いていました。
寒いー! ホテルまではどうやって行けばいいのかしら……?
ホテルまでの行き方も分からない私は、ひとまず知っている日本語で横にいた人に話しかけてみました。
いまなんじですか
9時10分ですよ
しかし……
出身はどちらですか?
次の会話に私は固まってしまいました。
あれ? なんて言ったのかしら…… 全然分からない!
一緒《いっしょ》にホテルまで行きましょうか
そんな私を見かねたその方はなんと一緒のタクシーに私を乗せてくれたのです。
温かい車内、親切な人に出会えた安心感からか私はタクシーの中で眠ってしまいました。
もしもし○○ホテルですか? 今晩ルースさんという方が……
ホテルに着くとフロントまで一緒に来て宿泊《しゅくはく》の確認をしてくれました。
フロント
それでは
ありがとうございました
タクシー代を……
いいんですよ。お気になさらずに
その方はタクシー代を受け取らず帰っていかれました。
この出来事は、私が「親切な日本人」に出会った最初の体験となりました。
なんて親切な人なの……!
日本人は世界に誇《ほこ》れるオンリーワンをたくさん持っています。私が感じた日本人のすばらしさを、皆様《みなさま》にお伝えしていきたいと思います。

2
運命を変えた出会い
私と日本との出会いをあらためてお話しします。
私は、ハワイのオアフ島で育ちました。
まって～
中学生のころのルーシー
今は元気いっぱいの私ですが昔は違《ちが》いました。周囲との肌《はだ》の違いに悩《なや》み学校で友達がうまくつくれませんでした。
そんな時支えてくれたのは両親です。
人は皆《みな》コンプレックスを持つもの。ならばいいところを伸《の》ばしなさい
自分が弱い立場になるとより弱い立場の人の心が分かる。その気持ちを大切にするのよ
さらにもう一つ――
キカイダーは、体が左右違う不完全なロボットが悪と戦う日本のテレビ番組です。この番組から、いつも学びと元気をもらっていました。
人造人間《じんぞうにんげん》キカイダー
KIKAIDA
自分がひとりぼっちで寂《さび》しい時にこそ、他に寂しくなっている人に優しくして助けたい！
みんななんかの苦しみを持っているんだ
今思うと、この時から私の日本に対する親近感が芽生えていたのかもしれません。

高校生になる時、市街地からもう少し田舎《いなか》のニュータウンへ引越《ひっこし》をしました。
Hi!
そして高校で出会ったチアリーディングが寂しかった私を明るくしてくれました。
Fight! OH! Just do it!
大学生の時日本企業《きぎょう》の製品がアメリカで流行し皆が日本に憧《あこが》れていました。
大学生
らりるれろ
Ra·Ri…
らりるれろ
Wow!
キカイダーが、ヒアリングの練習になっていたようです。
私はその後日本に留学をしてまたアメリカに戻《もど》ってきました。
当時の私は卒業後の進路をあまり考えていませんでした。そんな時、私の運命を変える広告と出会ったのです。
大学4年生
求人
これをよむことができたらせつめいかいにきてください！
リクルート
これを、よむことができたらせつめいかいにきてください
この日本企業（リクルート）の広告との出会いが、27年続く私の日本生活の始まりだったのです。
おもしろいわ！ヨメル!!

3
史上最悪の新人
大学4年生の時
私の運命を変える広告と
出会いました。
これをよむことが
できたら
せつめいかいに
きてください!
日本語の広告につられて
私は詳細《しょうさい》を聞きに
キャリアセンターへと
向かいました。
後日
リクルート説明会
会場には80名ほどの
学生が集まっていました。
なんでみなさん
あんなにドレスアップ
しているのかな?
まいっか!
説明を聞いた後は
面接です。
こんにちは!
ルーシーです!
ヨロシク
オネガイシマス!
30代の外国人部長がいたり
24歳《さい》の英語が不得意な女性が
いたり、リクルートの〝自由で
自主的で多様性のある雰囲気《ふんいき》〟
に魅力《みりょく》を感じました。
…?
How
do
you…?

2週間後
迷わず「YES!」と返事をしました。それから、私の「日本での歴史」が始まったのです。
採用通知
なんてかいてあるんだろう…
私の名前日本語でなんて書くんだろう
総務部
私はおそらく史上最悪の新人でした。思うように意思の疎通《そつう》ができずアイディアや思いをまったく伝えられません。
私たちはルーシーとの仕事を長い目で見ているからあまり心配しないで。1年目は勉強と思ってください
はい!
このひと言でずいぶん気持ちが楽になり私にできることで会社に貢献《こうけん》しようと決心しました。
A B C
こういう時英語ではこう言います
フムフム
お世話になっております
日本語
その後さまざまな困難にも社員一丸となって乗り越える姿に日本への就職が間違《まちが》いなかったことを確信しました。
すばらしい国に私は来たのね
あれから27年。少しずつですが日本人への理解が深まってきたように思います。
熱い心
鋭い感性
情熱的な夢
もちろん日本人のすべてが分かったわけではありません。今でも私にとって日本での毎日は「新しい日本の発見」なのです。

4
道徳は世界の共通言語
日本に来て、私は日本に根付くすばらしい文化や伝統、風習を知りました。その根本に私は「道徳」を感じています。
バスを降りる時に
ありがとうございました
これおちてました
交番で
電車に乗る前に
レストランで立ち去る前に
日本人の多くは家庭で「道徳」を自然と教わります。
食べる時は「いただきます」
そうして豊かな心の基礎《きそ》ができるのです。
一方で、ぶれない強い心も持ち合わせています。苦しい状況《じょうきょう》でもあきらめないし
もう一回チャレンジ!
16-1
どんなことでも継続《けいぞく》し続ける人が多くいます。

そんな日本の皆《みな》さんと接して、私は母国と同じく日本が大好きになりました。
日本大好き
海外で活躍《かつやく》する日本人もたくさんいます。
そんな方々を見て、私は気づいたことがあります。
複数の国の人が集まると共通言語は自然と英語になります。ところが――
ワラ
アーン— アイム、アイ…
ワラ
Hey!
Uh-huh
Cool
なぜ皆彼《かれ》のことが好きなの？
あまり会話できてないみたいだけど
彼のプロ意識はすばらしいんだ
どんなに疲《つか》れていても人一倍走っているよ
言葉はあまり通じなくても、僕《ぼく》は彼が大好きなんだ
たとえ言葉が通じなくても日本人が小さいころから教わる「道徳性」豊かな生き方は世界の人々に尊敬され好かれるのです。
私がそうだったように日本人に触《ふ》れた世界の人々も日本人が大好きになります。
日本人の志《こころざし》と「道徳」は世界の共通言語になり得るものだわ！
グローバル化が進む中でもちろん英語は重要です。
English
英語
ただ、日本人の持つ道徳性や勤勉性も、世界で通用するすばらしいものです。
道徳性《どうとくせい》
勤勉性《きんべんせい》
英語《えいご》
英語だけでなく、道徳性を高めることは、子供たちがいつか世界に飛《と》び込《こ》む時大きな力となるでしょう。

「国際化」を見つめて

二〇一三年、日本を訪れる外国人は年間一千万人を突破しました。日本政府は今、東京オリンピックが開催される二〇二〇年に向けて、年間二千万人の外国人旅行者を迎えるという目標を掲げています。こうした数値目標に象徴されるように、日本の皆さんが「国際化」という言葉を使う時、そこには「国際化した未来の日本」というビジョンがあるようです。しかし日本で暮らす外国人の私は、今現在が猛スピードの国際化の真っ最中であることを、日々、肌で感じています。

ハワイ出身のアメリカ人である私は、ボストンのタフツ大学在学中の一九八六年、名古屋にある南山大学に一年間の語学留学をしました。そのころの名古屋では、大学以外で外国人に出会うことはほとんどありませんでしたが、二〇一五年の今、名古屋の町を歩いていると、一見して外国人と分かる顔立ちの方をずいぶん見かけるようになりました。東京はもちろん、大阪でも函館でも、外国人の姿はみるみるうちに増えています。

故郷のハワイも、私が生まれ育った当時は観光誘致対策の真っただ中でした。昔はパイナップルとサトウキビの栽培がメインの産業であったのが、賃金の高騰に伴って、産業自体が少しずつ海外に行ってしまったためです。観光客はアメリカ本土やカナダからも大勢やって来ましたが、言語の異なる日本人観光客を迎えるようになってから、ハワイの人たちの意識が変わってきたようです。

もともと、ハワイには日系人が大勢住んでいました。私の同級生にも日系三世の子がいましたし、そのおじいさんやおばあさんには英語が通じず、日本語混じりの会話を耳にすることもありました。

日本語放送専門のテレビ局もありました。私が小学生のころに一番はやっていたのは、「人造人間キカイダー」という日本の特撮番組。字幕も吹き替えもありませんでしたが、日本語の分からない私たちも、毎週水曜日はキカイダーを見るため、みんなまっすぐ家に帰りました。当時は言葉の意味も知らずに主題歌を口ずさんでおり、「ジンゾウニンゲンキカイダー」が「人が造った機械人間」という意味であったことも、つい最近になって知ったくらいです。

そのうちにハワイにも白木屋やダイエーができて、みんな日本の人気キャラクターがプリントされた鉛筆など、日本製の文房具を愛用するようになりました。ちなみに私の高校時代のアルバイトは、ダイエーでのレジ打ちです。そして高校では、選択科目で日本語を勉強する友人もたくさんいました。ホテルなどに就職するには、日本語ができるほうが有利だったのです。

そのころ、ハワイを訪れる観光客の数はアメリカ本土、カナダに次いで日本が第三位になり、ワイキキのホテルでは、化粧室の前に「男」「女」と日本語で表示されるようになったり、日常耳にする会話の中にも、いろいろな日本語が入ったりするようになりました。

そんなハワイの変遷を見てきた私には、観光誘致に力を入れる日本のこれから歩む道筋が、はっきり見える気がします。観光誘致によってもたらされた異文化を、ハワイはどのように受け入れたかということを、身をもって経験したからです。

運命的な出会い

高校を卒業した私は、常夏のハワイから東海岸のボストンに移り、タフツ大学の国際関係学部に進学しました。大学ではドイツ語を習得するつもりでしたが、ちょうどそのころに両親の離婚や学業面でのストレスが重なり、無性にハワイが恋しくなりました。そんなこともあって、ハワイと縁の深い日本語の勉強を始めたのです。

日本に留学する機会を得たのは、大学三年生のころでした。名古屋でのホームステイでは、アメリカとはまったく違った日本の家庭生活を体験しました。ここでの体験は次章でも紹介しますが、その「よい意味でのカルチャーショック」は、私の日本での歴史の第一歩でした。

そして、留学を終えてボストンに戻った四年生のある日のことです。学校の食堂で大学の新聞を読んでいると、一面を英語で埋め尽くされたその紙面の一角に、ひらがなで書かれた記事があるのが目に留まりました。

「これをよむことができたら、せつめいかいにきてください」

これが日本企業・リクルートとの運命的な出会いでした。

大学のキャリアセンターに行ってみると、私より少し年上の日本人女性がいました。リクルートの人事担当者です。「こんにちは！」と元気よく迎えてくれたその女性社員は、どういうわけか英語が不得手のようでした。

私は〝リクルートという会社は日本の最先端企業に違いない〟と思いました。英語ができない二十四歳の女性を海外に出してくれる会社に、私は早くも心をつかまれたのです。

遠い日本から一人きりでやって来て、ひらがなの広告に反応するアメリカ人学生をキャリアセンターで待っていてくれた、その女性社員の勇気もすごいと思います。上司から「アメリカに行って、いい人材を探してきてくれないか」と言われた時は、相当な驚きだったに違いありません。でも、彼女はその時「私は英語が全然だめです！　無理ですよ！」

と言って、断わろうとしたのでしょうか――いや、きっと違うだろうと私は思います。

私がこの三十年弱で付き合ってきた日本人女性たちには、パワフルな開拓心があり、そう簡単にはめげないというのが私の印象です。その女性社員も多少は心細かったかもしれませんが、はちまきを締める思いで異国での任務を引き受けたのでしょう。彼女がその部屋にやって来るまでを考えてみると、空港から大学までの道のり、そして大学のキャンパス内でキャリアセンターを探すのにも大変な苦労があったでしょうが、少なくとも、私が出会った彼女はとても楽しそうでした。目をキラキラと輝かせ、中学校で習うような英単語を並べながら、私に話しかけてくれました。その勇気と努力を見た私も、幼稚園児以下のレベルの日本語をどうにか絞り出して、二人の間でぐちゃぐちゃの会話が不思議と成り立ったのです。

彼女からある程度の説明を聞いた私は、その後、ボストンのホテルでの合同説明会に参加して二次面接、三次面接と進み、二週間後に採用通知を手にしました。ところが、就労ビザが下りるまでになんと十一か月もかかり、同期の新入社員より八か月遅れの一九八八年十二月一日付で、ようやく入社となりました。

入社の当日、銀座八丁目にあるリクルート本社に足を踏み入れると、みんなバタバタと走り回っていました。ビルの外には黒い車が何台もやって来て、しきりに何かを叫んでいます。〝日本人はよく働くな〟〝銀座というのはにぎやかなところだな〟と思っていると、課長がやって来て「ルーシー、今は会社で大変なことが起きていて、あなたの面倒を見ることができません。まずはそこに座って、なんでも勉強だと思って見ていてください」と、分かりやすい日本語でゆっくりと言ってくれました。その時はまさに「リクルート事件」の渦中だったのです。

今日まで続く私の日本での生活は、こうして始まったのですが、当時の私は配属先の「総務部」という漢字も読めず、「ルース・ジャーマン」という自分の名前すらカタカナで書けないという、おそらく史上最悪の新入社員でした。

結局、リクルートには四年間勤め、その後は個人で主に翻訳や通訳などの仕事を行うようになりました。リクルートの創業者である江副浩正《えぞえひろまさ》さんとは、退職後も長いお付き合いとなり、その江副さんからの要請で、スペースデザインという日本の不動産会社での外国人向けの新規事業の立ち上げにも十二年間従事しました。その間には、二〇〇七年、日本人でさえ難関と言われる試験を突破して、欧米系女性として初めて宅地建物取引主任者の資格を取得しています。そして二〇一二年四月、インターナショナルマーケティングを専門とする会社をみずから興し、現在に至っています。

強くて美しいナデシコたち

私に日本での就職の道を開いてくれたのは、ビッグワールドに一人きりで飛び出してきた、リクルートの若き女性社員でした。考えてみると、留学前に手紙をくださったホストファミリーのお母さんを第一に、第二の日本との出会いである就職についても、ヤマトナデシコが私を導いてくれたことになります。

リクルートは社員の男女比率がほぼ同等で、私が配属された総務部は受付交換と同じフロアでもあったため、私は入社当日から素敵なナデシコたちに囲まれて勤務することになりました。

当時、まだまだ日本語の勉強中だった私が（今もそうですが）、「さん」付けの呼び方から「君」とか「ちゃん」といった砕けた呼び方に変えるのはどういうタイミングなのか疑問に思い、同僚に尋ねた時のことです。その同僚の男性からは「それは説明しにくいよ。なんとなく、成り行きで、そういうタイミングができてくるんだ」という、あまり役に立ちそうにもない、分かりにくい答えが返ってきました。

ところが、その後に続いた言葉が興味深かった。「でも、おれは受付交換の女性の先輩から『○○さん』と呼ばれると、いつもとても癒《いや》されて、頑張れる気持ちになるよ。おれ、ばかだろう?」と。当の女性は無意識にしていることなのでしょうが、その「ちょっとした言葉」や「ちょっとした思いやり」から、職場を共にする男性陣は大きな励みをもらっているのだな、と思いました。

私は今日まで三十年近く日本で仕事をしてきましたが、女性はビジネスの場で議論に加わっても、上下関係をあまり気にせず、力強く発言できるようです。それは男性陣と違って、終身雇用をそこまで気にする必要がないからなのかもしれませんが、女性は「口論」に強い印象があるのです。

しかし「口論」に負けて自信をなくしてしまいそうな男性に対しても、女性陣は呼び方一つでリスペクトを表すことができます。年下の人に対しても「さん」付けをすることには、自分自身の強烈なパワーを和らげる効果があるのかもしれません。

日本人女性が持つパワー。これを遮《さえぎ》ることなく、女性が女性らしく輝けるような形でビジネス界に受け入れ、本格的に女性の力が活用されるようになっていけば、日本の将来はまず心配ないだろう――私は今、そう確信しています。

グローバル化の中でのアイデンティティー

さて、話はリクルート入社当初のことに戻ります。

十二月二十五日を迎えた時のことです。私たちクリスチャンにとってクリスマスは特別な日で、必ず教会でお祈りを捧《ささ》げ、家族と共に過ごします。ところが日本で就職して初めてのクリスマスは、平日の出勤日だったのです。

十二月二十五日という日を大切にしたかった私は、牧師をしている父に電話をかけて相談しました。すると「日本が出勤日なのであれば、会社に行ったらよい。礼拝には、仕事が終わってから行けばよいのではないか」ということで、私はその日、元日に会社へ行くような気分で出勤しました。

総務部のフロアに入ると、その朝も総務・人事の合同朝会のために二、三十代の男女がたくさん集まっており、活気に満ちていました。そして、いつも通りの朝会が始まると、司会者が「皆さん、今日は特別な日です」と言いました。日本語のできない私にも「特別な」という言葉くらいは分かりますので、〝あっ、来た！〟と思いました。ところが、クリスマスソングでも歌うのかと思って期待していると、彼は続けて「今日はサンタクロースの誕生日ということで！」と、大きな声で言ったのです。〝なるほど、惜しい！　これが海外に住むということなのね〟と、妙に納得してしまいました。

このことをきっかけに、自分の気持ちをどのように周りの人たちに伝えればよいのかと、ずいぶん悩みました。そして、だいぶ時間がたってから、やっと課長に「来年のクリスマスは、やっぱり礼拝に行きたい」と言うと、「いいよ。どうしてもっと早く言ってくれなかったの？」と、意外なほどにあっさりと受け入れてくれたのです。「自分を伝える」ということの大切さを実感した出来事でした。

他国の文化に接した時、相手を尊重するのは大切なことですが、それは自分自身の中の大切な何かを抑えて相手に合わせるということではありません。グローバル化に際しては「受け入れてよいもの」だけでなく、「受け入れたくないもの」も「受け入れてはいけないもの」もあるでしょう。本物のグローバルマインドへの成長のプロセスとして、まずは自分たちのアイデンティティーをしっかりと自覚する必要があります。

長年日本で過ごしてきた私にとって、日本は母国と同じく大切にしたい国の一つです。日本の着物も大好きで、結婚式などには和装で参列することもありますが、それは着物を身にまとっただけのことで、中身が日本人になるわけではありません。アメリカ人としての私のアイデンティティーはそのままに、相手のよいところに学んで、付け加えることができるものは付け加え、より豊かな人間になっていく――それこそが本当のグローバル化ではないでしょうか。

戸惑いから「May I help you?」へ

リクルートの同僚たちと一緒に、飲食店に入った時のことです。私が席に着くと、隣の席に座っていた女性が突然立ち上がり、席を移りました。連れの男性が「どうしたの？」と尋ねると、彼女は「私、外人が苦手なの」と言ったのです。日本語で話せば、私には分からないと思ったのでしょう。どうも当時の日本では〝外国人がたくさんやって来るようになると、危険な感じがする〟と思われていたふしがありました。

入社後の私には、日本人の友達がたくさんできましたが、時々ホームシックになりました。日本人が海外でホームシックになると、うどんが食べたくなったり、しょうゆ味のものを探し求めたりするのではないでしょうか。私の場合、それはハンバーガーでした。

そんな時、新橋にマクドナルドができると聞きました。〝これで大好きなハンバーガーが食べられる！　英語を話せるスタッフもいるに違いないわ〟と期待して、オープンの日に出かけて行きました。

ところがお店のドアを開けると、カウンターの向こう側にいた女性が、私を見るや〝えっ、外人？　どうしよう……〟という顔をしました。マクドナルドといえど、当時はメニュー表さえ英語になっていなかったのです。結局、マネージャーが出てきて対応してくれたのですが、ハンバーガーとコーラの定番メニューは、カタコトの日本語と身振り手振りでどうにか頼むことができました。

今、同じお店に行くと、店頭には明らかに外国人の顔をしているのにペラペラの日本語で「おいしいコーヒーが入りましたよ。どうぞいらっしゃいませ」などと呼び込みをする店員がいたりします。それでも誰も〝あっ、外国人だ。日本語がペラペラだな〟などと思うこともなく、通り過ぎていくようです。私がよくＤＶＤをレンタルするお店でも、中東系の顔立ちの店員さんが、当たり前のように日本語で「はい、どうぞ。お待たせしました」と声をかけてくれたりします。

また、以前はタクシーに乗る時も「こんにちは。大手町」と言うだけで、運転手さんは「日本語が上手ですね、すばらしいですね」と褒めてくれたものです。ところが今はどうでしょう。「近距離でたいへん申し訳ないのですが、大手町までお願いできますか」と言うと、「あなたの発音、この前乗せたロシア人より悪いよ」と返ってきました。聞けば、一週間に三人くらいは外国人を乗せるのだそうです。

これも日本に来たばかりのころの話です。会社の最寄り駅でJRと地下鉄を間違えてしまい、夜の九時か十時ごろに〝いつもの通勤電車はどこだろう?〟と、路線図の前に立ち尽くしていると、お酒が入っていそうな雰囲気のサラリーマン風の男性が一人、私に近づいてきました。そして、助けてくれるのかと思ったら「This is a pen!」とだけ言って、逃げるように立ち去ったのです。

それから二十七年がたちますが、どうも私は日本語ができるようには見えないらしいのです。今でも、チケット販売機の前などでちょっと迷っていると、必ずと言っていいくらい「May I help you?」と声をかけられます。英語の場合もありますし、「日本語は分かりますか?」「どうしましたか?」「大丈夫ですか?」と言われることもあります。今ではそんな行動が自然に取れるほど、日本の国際化は進んできています。最先端にいる私が感じるのですから、間違いありません。

「This is a pen!」から「May I help you?」へ。この変化は、日本経済の発展のためにも止めてはいけないものだと思います。

変わる必要はなく、説明する必要あり

その中でも、「変わってよいもの」と「変えてはいけないもの」があるはずです。

今、ハワイの人たちは反省していることがあります。観光誘致に力を入れ、いち早く国際化したのはよかったのですが、ふと気づいたら、ハワイ語という美しい言語が忘れられかけていたのです。

このハワイ原住民の言語は、日本でもウクレレ音楽や「アロハ・オエ」の歌などで聞くことがあるかと思います。残念ながら私は話すことができませんが、とても美しい言葉です。近年のハワイは、ハワイ語の専門学校やハワイ語のラジオ局をつくったりしながら、大切なものを取り戻そうと動き出しています。まだ「思い出して、取り戻せる時期」だったので、よかったということでしょう。

同じように、日本にも「守っていくべき大切なもの」があるはずです。私は外国人という立場ではありますが、そのために「私の大好きな日本と日本人の姿」を書きとめ、伝えていきたいと思うようになりました。

今、「ルーシーの言う〝日本のよいところ〟を忘れていました。本を読んで思い出しま

した」と言ってくださる若い方がある一方で、講演などで「変わってはいけないもの、大切にしたいもの」について話をすると、「常識でしょう」「当たり前よね」といった反応が返ってくることがあります。これは少々危険なことかもしれません。

「当たり前」と言えるほど無意識のうちにやっていることだからこそ、油断をすると、いつの間にかなくなってしまうということもあるのではないでしょうか。「よいところ」をしっかりと自覚することで、無意識ではなく意図的に実行できるようになりますし、その自覚があってこそ、次の世代である子供たちに大切なものを伝えていくことや、他の国の人たちに理解してもらえるような説明もできるようになるはずです。

国際化の時代に大切なことは、まさに「変わる必要はなく、説明する必要あり」ということではないでしょうか。

私は銀行で手続きをする時などに「日本にはルールが多すぎる」と不満をもらす外国人に対しては、こんなふうに説明しています。

「確かに規程は多いように感じるかもしれないけれど、そういう小さなものの積み重ねで、社会がうまく回っているんですよ。すべてのことはつながっていて、日本は〝みんなで考えたルール〟を〝みんなで一緒に守れる国〟だから、電車やバスも時刻表の通りに到着するんです」と。

誰もが求める安心感

海外で紹介すると、いつも驚かれる日本でのエピソードがあります。

私の以前の勤務先の事務所が入っていたビルでの出来事です。ある朝、エレベーターホールに「現金の落とし物があります。心当たりのある方は管理人室まで」という貼り紙がありました。私は目を見張り、そして考えました。

「現金」というのが五十円なのか千円なのか、あるいは一万円なのか分からないけれど、とにかく昨晩、誰かが帰宅する際にエレベーターのボタンを押そうとしてポケットから手を出した時、お金がこぼれ落ちたのでしょう。その人は落としたことにも気づかず、エレベーターに乗って帰ってしまいました。

次にその場へやって来て、お金を見つけた人は〝あっ〟と思ったでしょう。周囲には人影もなく、監視カメラもありません。それでもその人は〝ラッキー〟と思ってそのお金を自分のポケットに入れたりはせず、そのままビルの管理人室に持って行きました。

そこで報告を受けて拾得物用の帳簿をつけた管理人さんも、お金を拾った人が帰った後、記録を消して〝ラッキー〟とはやらなかった。そして「現金の落とし物」という貼り紙を見た人も、「これは私が落としたものです」などと嘘《うそ》の申し出をすることはありません。実際に落とした人の手元へ無事に戻るまで、お金はきちんと管理人室で保管されるのでしょう。日本だと当たり前のこの「常識」は、海外ではほとんどあり得ないことです。

こうした日本のすばらしいところは、不思議なことに、今、これだけ国際化が進んでいる中でも守られているのです。

日本の繁華街には、お店の外にまで商品を陳列しているところがたくさんあります。昔、私が通訳として同行した海外のスポーツ選手は、都内でその光景を初めて見た時、「店員さんがその場でずっと見張っているわけでもないのに、どうしてあんな場所に商品を置けるのか？ 私の国だったら、きっとみんな持って行かれてしまうよ。日本は治安が本当にいいんだね」と言って、しきりに感心していました。

その後、東京の街を歩いていて出会う外国人の数は、格段に増えました。しかし、お店の外に商品が陳列されている光景はそのままです。もし治安が悪くなってよく盗まれるようになったとすれば、そのままそこに置いておくということはないでしょう。

先日、日本国籍を持っている息子のパスポート更新のためにパスポートセンターに行くと、海外へ出かける人に向けたアドバイスビデオが流れていました。「海外では空港で手続きを待つ間も、バッグを足の間にはさんでしっかり守るようにしなければ、盗まれてしまう」という内容です。残念ながら、この内容は事実です。しかし、本当のことを言うと、日本人でなくても、そうした「気をつけないといけない状態」を好む人は一人もいないでしょう。みんな本当は、お店の外にまで商品を陳列できるような安心感を望んでいるのです。

つまり、ここまで徹底して実践できる国はなかなかないとしても、「日本社会で守られてきたような道徳を好ましく思う気持ちは、全世界に共通する」ということではないでしょうか。

世界に通じる「道徳の力」

現代では、世界を舞台に活躍するスポーツ選手がたくさんいます。私の好きなサッカーの長友佑都《ながともゆうと》選手を例に取ると、長友選手が小学生のころ、彼の「将来のライバル」は日本国内だけでなく、全世界にいたことになります。日本の子供たちや日本のビジネス、そして日本の国の今後についても、同じことが言えるのではないでしょうか。

今の小学生が将来、世界を股にかけたビジネスで活躍する時にライバルとなる人は、アメリカにいたり、インドにいたり、スペインにいたりするのです。ライバルというだけでなく、一つのチームで一緒に仕事をする可能性もあるわけですが、そうした時には「共通言語」ということが問題になります。

英語はよく共通言語と言われますが、実際に世界で活躍している人を見ると、必ずしも英語が流暢《りゅうちょう》な人ばかりではありません。むしろ「物事を徹底して行う」「一生懸命働く」といった美徳によって周囲から信頼され、尊敬されている場合も多いのではないでしょうか。その意味でも、道徳は「世界の共通言語」になり得るものだと思います。

グローバル化が進む中では、もちろん英語の教育は重要です。しかし、ここでほんの一端を述べたような、私も大好きな「日本のよいところ」「守っていくべき大切なもの」を日本人である皆さん自身があらためて自覚し、実践し、そしてこれを子供たちにもしっかりと受け継いでいったなら、いつか子供たちが世界に羽ばたく時、大きな力になることでしょう。

第Ⅱ章

ここがすごいよ！日本のお母さん

来日した私を温かく受け入れてくれた
日本のお母さんたち。
その日常生活は、大切な家族への
細やかな愛情に満ちていました。
彼女たちの後ろ姿から学んだこと、
一つ一つが私の宝物です。

1 日本のお母さん

留学中、私はホームステイで日本人家庭にお世話になっていました。
いらっしゃい ルーシー
毎日を過ごす中で感じたことがあります。
私は「せんぎょうしゅふ」について疑問に思っていました。
日本のお母さんに多い専業主婦ってどうなのかしら……
これって女性の自立を抑制《よくせい》する文化じゃないかしら……？
専業主婦
自立
そんなふうに思っていました。
ですが、毎日を過ごすうちに私の考えは変化しました。
ただいま〜
おかえりなさい
きいて〜

お昼のお弁当
おいしかった
あのね、今日は学校で
友達ができたの
先生がこんなこと
言ってたの
へ～そうなの
あらまぁ
それは
よかったわね
お母さんは毎日
私の話をしっかり
聞いてくれるわ
共働きが当たり前のアメリカ。私の場合、両親にゆっくり話を聞いてもらえる時間は少なめでした。
忙しそう…
ホストファミリーのお母さんを見て、専業主婦のお母さんがいるからこそ成り立つ家族の安定感を感じました。
いつもピカピカな部屋
太陽の香りのする洗濯物
これが噂《うわさ》の「内助《ないじょ》の功《こう》」ね！
おいしい手料理
ヘルシーなお弁当
お母さんの思いやりや努力ケアによって家族の健康は支えられていました。
日本の家族
とっても
癒《いや》されます
ありがとう
I《アイ》 LOVE《ラブ》 YOU《ユー》と口で言うのは簡単だけど……
お母さんは
「愛」を毎日の
生活で表して
いるわ！
ホストファミリーのお母さんから学んだこと、私の宝物です。

2
日本のお父さん
次は私の感じた
日本のお父さんについて
お話ししたいと思います。
アメリカでは
若い時から皆《みな》大人顔負けに
自由を満喫《まんきつ》しています。
15歳からの運転
夜遊び
それが普通《ふつう》でした。
けれど、それは日本の
「ふつう」とは違《ちが》いました。
おとうさん
モンゲンは
なんじですか？
9時！
9時!?
夜の??
アメリカの大学生の
「朝の9時までに帰宅」という
常識を覆《くつがえ》す言葉でした。
12
9
9時だって!!
学校で
うちは夜9時が
モンゲンなの
!!
What？
そんなの無理！

私も最初は驚《おどろ》きましたが
実はとってもうれしく
感じていました。
お父さんは私を大切にしてくれているわ
そのため留学中は
あまり夜遊びすることなく
毎日夕飯の時間までに
帰っていました。
じゃあねー
バイバーイ
門限のおかげで、6か月の
ホームステイの間に家族との
絆《きずな》を強めることができました。
お父さん
今日学校でね
うんうん
日本は今とても
大切な時で……
みんな
おかわりは
いいかしら？
夕食を一緒《いっしょ》に食べ、お父さんを
中心に日本の現状について
教えてもらっていました。
また、お父さんは
いつも同じ
チャンネルを
見ていました。
ジャパンには
チャンネルが
一つだけなのね
と思い込《こ》んで
いたほどです。
ホストファミリーのお父さんは
私に門限をつけることで
「大事だよ」と
実感させてくれました。
「家族を守る」強い姿勢を
見せてくれたのです。
日本のお父さんは
アメリカのように
ハグはしません。
自由も少し制限《せいげん》します。
けれど口数少ない中に
強さと優しさを持つ
「侍《さむらい》」のようです。
さむらい
侍

3
お義母さん
私のもう1人のお母さんについてお話しさせてください。
私の、お義母《かあ》さんです。
3年前、お義母さんは天国に行きました。
入院しているお義母さんに私たちはたくさん話しかけました。
お義母さ〜ん
意識はなくても耳は聞こえることがありますよ
おばあちゃんに教えてもらった歌だよ
ラララ
おばあちゃんあの時のこと覚えてる？
病院と夫の実家を往復する3日間、私はお義母さんの部屋を使っていました。
なんの写真かしら？

お義母さんは家族や友人のために尽《つ》くすことが大好きでした。
あら…♡
アメリカでは手段《しゅだん》（プロセス）よりも結果を重視します。
OK
汚《よご》れが落ちれば食器洗い機でも手洗いでも関係ないのです。
フフーン
フフフン
フフ〜
お義母さんは、食器を洗うプロセスに喜びを見いだしていました。
自分で仕上げが確かめられない食器洗い機に、人様に出すお皿を任せられないわ
キュッキュッ
ささいなことでも、面倒《めんどう》なことでも考え方次第でハッピーに変えられる。
道端に咲く花
新鮮野菜の香り
海風
友達とのお喋り
孫の笑い声
キャハハハ
日常のちょっとした1コマが、人生のスパイスとなり、「幸せ」につながる。お義母さんにそんな素敵なことを教えてもらいました。
大好きな日本のお義母さんありがとうございました。

4
うちの子は……

2人ともカワイイね！

大好き！

うちの子供がもう歩いたの！すごいでしょ！

娘が寝返《ねがえ》りをしたの！すばらしいよね！

へぇ～すごいね～

うちの子はダメなのよ～

私は親バカかもしれませんが気にせず子供の自慢《じまん》話をします。だから、こんな会話を聞くと悲しくなりました。

うちの子はダメ
うちの子もできない
本当に自分の子を愛しているのかしら……

でもそれは違《ちが》いました。

あっ
あれはお隣《となり》の子だわ。あの娘《こ》の制服アイロンの線がいつもきれいに入ってるの

この時私は感じたのです。

女の子の制服に「母親の愛」を。

日本人はとても謙虚《けんきょ》で自分や身内を褒《ほ》めたり自慢することを嫌《きら》います。

制服は、そんな日本のお母さんの愛情表現の一つなのかも
私と表現は違っても、子供を思う気持ちは変わらない。そう気づきました。

こうした「ひと手間」は単なるきれい好きというわけではなく「あなたを大事に思っている」というお母さんからのメッセージなのです。

しかしこれらは決して当たり前のことではありません。

お母さんや奥様《おくさま》に、ぜひ感謝の言葉を伝えてあげてくださいね
「愛情」を素通りせずに感謝で返すことは愛情のキャッチボールになるのですから。

日本の女性の心

初めて日本の土を踏んでから約三十年――この間、私は日々「日本人の美しい心」に触れ、たくさんの「日本の不思議」や「日本の魅力」を発見してきました。その出発点は、大学三年生のころ、名古屋の南山大学に留学したことです。特に「日本の家庭生活」を体験したホームステイは、大切な思い出として私の心に刻まれています。

それは「日本の女性の心」が込められた一通の手紙から始まりました。

留学の直前、私がハワイの自宅で荷造りをしていると、日本でホストファミリーとして受け入れてくださる予定のご家庭から手紙が届きました。「日本のお母さん」からの手紙です。やわらかな和紙を広げると、一文字一文字、丁寧にしたためられたひらがなばかりの文章が、目に飛び込んできました。

ホームステイ先は大学から紹介を受けて決まったため、お母さんと私はまだ会ったことがありません。お母さんは、まだ見ぬ私の姿を心に思い描きながら、私が安心して日本に来ることができるように、この手紙に思いを込めてくれたのでしょう。文字をたどり、辞書を引きながら、お母さんの細やかな心づかいを味わった感激は、今でも忘れることができません。そして実際に日本での生活が始まると、「日本の女性の心」にますます感じ入ることになりました。

専業主婦ってすばらしい！

ホストファミリーのお父さんは自営業で、三階建ての建物の一階に店を構え、二階と三階が自宅になっていました。お母さんは専業主婦です。もはや共働きが当たり前のアメリカで育った私には、初めは専業主婦というものが、女性の自立を抑制する文化のように思えてなりませんでした。しかし、ここで生活を共にするうちに、その考えは一変します。

大学での授業が終わって家に帰ると、お母さんは必ず「お帰りなさい！」と言って、温かく迎えてくれます。そして一緒におやつをいただきながら、私の話にじっくりと耳を傾けてくれました。

お母さんは毎食、家族のために温かい手料理をつくってくれて、食事時には家族がそろって食卓を囲みます。出かける時は、いつもおいしいお弁当を持たせてくれました。また、家族が気持ちよく過ごせるように、家のすみずみまで掃除をしたり、丁寧に洗い上げた洗濯物を、お日様のもとに干したり……。それらはすべて、お母さんの愛の表れでした。

一家の健やかで安定した暮らしは、こんなお母さんの日々の細やかな心づかいに支えられていたのです。

家の外で働いて対価を得てくることだけが「尊い仕事」というわけではない――私はホームステイ中のぬくもりに満ちた暮らしの中で、そんな「主婦業」の尊さに、徐々に気づいていきました。

お母さんは常にお父さんを立てるだけでなく、弱みをさり気なくカバーする、強い味方でした。頑固一徹といったふうで頼りがいのあるお父さんに対して、お母さんは「仲介役」を自負していたようで、周囲とのコミュニケーションが円滑にいくように心を配っていました。

お父さんが配達等で店を空ける時は、店の電話も自宅に転送され、お母さんが応対します。最初の言葉は「いつもありがとうございます」。それも形式的なものではなくて、本当に心のこもった言葉です。電話を受ける時のお母さんは、正座をして背筋を伸ばし、手をきちんと膝《ひざ》の上に置いて、目の前にはいない電話の相手に頭を下げながら、とても丁寧な言葉遣いで話すのが印象的でした。

お母さんは、こうしてお父さんの仕事のサポートをしながら家事をこなし、受験生の娘がいて、わけの分からない外国人もホームステイしているし……という生活なのに、焦ってバタバタしているお母さんの姿を、私は一度も見たことがありません。忙しい中でも、お母さんは常に思いやりに満ちていました。

そんな「日本のお母さん」の後ろ姿は、後にビジネスに携わるようになった私のお手本でもあります。

例えば、お客様から電話がかかってきた時は〝あなたはオンリーワンの人ですよ〟という気持ちで――具体的には、コンピューターを見ず、手元に広げていた書類もたたみ、椅子に深く腰掛けて、余裕を持った笑顔で「いつもありがとうございます」と言う。そうした姿勢の原点が、このお母さんにあったのです。

後年、私は結婚し、もう一人の「日本のお母《かあ》さん」を持つことになります。（元）夫の母である、白石香世子《しらいしかよこ》さんです。私はこのお義母さんの後ろ姿からも、多くのことを教わりました。

お義母さんの主婦としての日常もまた、家族への愛に満ちたものでした。家族や友人・知人などの身近な人たちのために尽くすことは、お義母さん自身の喜びでもありました。

例えば日常の家事の一つ、食器洗いについてです。アメリカの考え方では、手段（プロセス）よりも結果が重視されます。「お皿がきれいになる」という結果を得ることができれば、食器洗い機を使おうと、手洗いをしようと、手段を問われることはありません。

しかし、お義母さんは違います。「自分の手で洗い上がりの感触が確かめられない食器洗い機には、人様に出すお皿は任せられない」。そう言って、洗剤の香りを楽しみ、歌を歌いながら、一枚一枚を自分の手で完璧《かんぺき》に洗い上げていきました。

日常の当たり前とも思える物事、何気ない行為、ささいな出来事や、一見すると面倒そうなことであっても、考え方次第では、そこに幸せを見いだすことができる。お義母さんは、暮らしの中に「小さな幸せ」を見つけていく名人でした。これを積み重ねることで、喜びの多い人生を送ることができる――そんな「幸せのレシピ」を教わったのです。

お義母さんの台所

お義母さんの台所は、流し台の前にガラスの窓があって、自然光が入ってくる空間でした。流し台はいつもピカピカ。排水溝のネットに引っかかる残飯は、いつも完璧に片付けてからでないと眠りません。

決して広いとは言えないその台所には、お友達からいただいたものやお義母さん自身が集めたものなど、大切なものを保管するキャビネットがありました。その中をのぞくと、お義母さんの好みはすぐに分かります。奥にしまってあるものは特別な時に使うもの。手前にあるコップなどはいつでも使用ＯＫ。お義母さんは箸《はし》置きを必ず食卓にそろえる人で、キャビネットにはスプーンや箸置きもたくさんありました。また、テーブルのベンチシートに隠れ収納のスペースがついていることも、お義母さんの自慢でした。

料理をするのが大好きなお義母さんは、一日中、台所に立っているかのようでした。休憩スペースは、台所のすぐ横にある茶室ほどの広さの畳の部屋。台所はお義母さんの「基地」だったのです。

ホストファミリーのお母さんもそうでしたが、お義母さんの大きなライフワークは家族の食事をつくることだったようで、その「台所の監督」という仕事について、一度も負担感を見せたことはありません。そこには誇りすら感じられるのです。ダイコンを切ったり、お味噌汁《みそしる》の味見をしたり、コンロにかけたお鍋《なべ》のふたを少し開けて香りを確かめたりしているお義母さんの後ろ姿からは「ハッピームード」が伝わってきました。

私くらいの世代のアメリカ人の多くには、おそらく「おふくろの味が一番」といった感覚はないでしょう。アメリカの共働きの家庭では、手の空いた人が食事をつくりますし、子供たちの自立の一つの印として「自分でなんでもする」という雰囲気があります。ですから、お母さんだけが料理担当というわけではなく、その時に料理をしたい人が台所というツールを使います。私は母の料理のレパートリーにも大好きなものはもちろんありますが、父の料理も大好きでした。

結婚当初の私は、料理に対してコンプレックスを抱いていたこともあり、子供が生まれ、お義母さんや幼い娘と一緒に台所に立つようになってからも、どちらかといえばお皿洗いを買って出るほうでした。そんな私にとって、日本の女性が進んでお母さんから料理を教わろうとしたり、台所を喜んで自分の「基地」にしたりすることは、とても不思議に思えました。〝女性が家事に縛られるのは、男尊社会の典型的なよくないところだ〟という思いがあったのです。

誇るべきライフワークの選択肢

私は日本に来るまで、「得意料理は何ですか」という質問を受けたことはありませんでした。アメリカでは「スポーツは何が好きですか」と聞かれることはあっても、女性だから聞く質問というものはありません。女性に得意料理を聞くのは、日本では別に失礼なことではありませんので、周りの女性たちは「私は煮物ができます」等々、自然に答えます。すると、私には日本人女性がみんな料理の天才のように思えてきて、その質問自体がプレッシャーになったのです。「トーストぐらいはつくれるよ」と言ってみんなを笑わせると、周囲も真《ま》に受けて、日本人である夫も〝自分は料理ができない女性と結婚するんだな〟という雰囲気になっていました。

ところが、同期の結婚式の二次会に夫と二人で参加した時、余興の「ダイコンのかつらむき競争」に私が指名されてしまった！　みんなの前で包丁を持たされて〝どうすればいいの？〟という思いで挑んだのですが、終わってみたら、なんと私が一番だったのです。そこで初めて〝あまりコンプレックスを抱く必要はなかったのかもしれないな〟と思いました。これもまた、結婚して間もないころの話ですが、会社の同僚から「魚焼きグリル」の使い方を教わって初めて夕食に焼き魚を出した時は、夫がいたく感動してくれたことを覚えています。

やがて子供が生まれ、お正月に夫の実家へ帰省した時のことです。私の料理コンプレックスをよく理解していた夫は、前々から優しく「手伝いはしなくても大丈夫だから」と言ってくれていたのですが、その朝は娘が早めに起きたこともあり、お節料理の準備をするお義母さんや義妹と一緒に、思い切ってお義母さんの「基地」に入りました。

お義母さんは、まだ小さかった娘の英《はな》を台所のテーブルに座らせて、テキパキと立ち働きながらも、いろいろな料理をお箸でつまんでは娘の口に入れていきました。娘は「あーん」とまるで小鳥のように口を大きく開け、目を輝かせておばあちゃんからお料理をいただいています。

私はというと、流し台の近くでソワソワするばかりでした。〝私はキャリアウーマンよ！　料理はハウスワイフがやるもの！　私は主婦じゃない！　主婦じゃない！〟と、今から考えると本当にばかばかしいジレンマに陥って、パニックに近い状態だったのです。〝ここで女性についての固定観念に従っては、フェミニズムに反するのではないか？オーノー！〟

そんなことを考えていた時、お義母さんが私に声をかけました。

「ルーシー、こっちの飾り付けを手伝ってくれない？」

そして、漆塗りの美しいお箸と空のお重を私に差し出してくれたのです。

お義母さんは、私がデザインに興味を持っていることを知っていたのでしょう。私にとって一番入りやすい「料理への入り口」を示してくれたのです。私が黒豆やエビなどのお節料理をお重に盛り付けていくと、お義母さんは「まあ、きれい。よくできているわ」と言って、褒めてくれました。その年は盛り付けと後片付けくらいで終わったのですが、それからだんだん「お義母さん、これはどうやってつくるんですか？」といったことも、自然と聞くことができるようになってきました。

子供たちにとっては、私の料理が「お母さんの料理」です。私も年々、日本で言う「おふくろの味」の温かく深い意味が分かってきて、これによる「癒《いや》し」も体験するようになっていきました。そうするうちに、少しずつ〝女性が台所に立つことは束縛ではない。進んで台所に立って家族においしいものを提供することは、女性にとって誇るべきライフワークの選択肢なんだ〟と思うようになったのです。それを選択肢として認めないことは、女性の輝ける領域や女性の活躍の場を狭めることになるのではないでしょうか。

お義母さんが他界した時は、お葬式の前後数日にわたって、白石家のきょうだいがお義母さんの台所に集まりました。その後は私の離婚もあったため、これがみんなで台所に立つ最後の機会でしたが、今でもたいへん温かい思い出になっています。私と、義理の妹二人と、十歳ほどになっていた娘とで、お義母さんの大好きなものに囲まれてワイワイと料理をしたのです。きっとお義母さんの魂も、私たちが台所で絆《きずな》を確かめ合っている様子を見守っていて、心から喜んでくれたのではないかと思います。

私は今も箸置きを使うたびにお義母さんを思い出し、お義母さんが与えてくれた「台所から生まれる絆と喜び」に感謝しています。台所を「基地」として家族を支えているヤマトナデシコは、日本の誇りですね。私も頑張って、娘ともども仲間入りを果たしたいと思っています。

「I love you」と言わなくても

私はおしゃべりが大好きで、「I love you」といった言葉もよく口にするほうです。これに対して、日本のお母さんたちはふだん「愛」という言葉をそうそう出しませんが、日常のここかしこに愛をにじませているようです。日本で出産と育児を経験した私は、お母さん仲間とのふれあいの中でも、あらためてそうした「日本のお母さん」の魅力に気づかされました。

息子が幼稚園に通っていたころの話です。

お母さん同士で子供の話をしていると、決まって誰かしらが言うのが「うちの子、全然できないのよ」という言葉でした。本人に対しても人前でも、遠慮せずに子供への愛を言葉で表現する私には、そんなことを言うお母さんの気持ちが理解できませんでした。よその家のことではありますが、子供が否定されているようで悲しくなり、〝このお母さん、本当に自分の子供のことを愛しているのかしら?〟と、疑うような気持ちさえ湧《わ》き起こったものです。

でも、それは私の誤解だったのです。

「あの子の制服、アイロンの線がいつもきれいに入っているわよね」

お母さん仲間からそんな話を聞いた時、私はハッとしました。わが子が人前で着る制服を、丁寧に洗い上げ、しわ一つなく、そしてまっすぐなアイロンのラインを入れて仕上げる——それはなんと素敵な愛情表現でしょうか。

あらためて考えてみると、同じような愛は、お母さんたちの日常のいろいろなところに潜んでいました。シャツの袖口《そでぐち》や襟《えり》ぐりに汚れを残さないための、洗濯時のひと手間。太陽のもとで干された洗濯物の心地よさ。ピカピカに磨き上げられた靴。掃除が行き届いて、ほこり一つない室内……。すべては〝家族がハッピーでいられるように〟と、お母さんたちが心を込めてしていることではないでしょうか。

ここで男性陣やお子さんたちにお願いがあります。自分の身の回りをもう一度よく見渡してみて、この快適な暮らしの背後にはどんな心づかいがあるのか、あらためて考えていただきたいのです。そうあることに慣れてしまって、いわゆる「空気のような存在」になっているものがあるのではないでしょうか。

ひと昔前までは〝これは妻の仕事だから、やって当たり前〟と、お互いに思っていたことかもしれません。しかし、今ではたくさんの選択肢があって、結婚して子供がいる女性でも、仕事をしようと思えばできますし、共働きになれば「当たり前の役割分担」というものもなくなってくるのではないでしょうか。それでも日々、家族のために心を尽くしてくれているお母さんたちに対する感謝の気持ちを思い起こしていただきたいのです。

〝黙っていても分かるだろう〟というのもあるでしょうが、できれば口に出して言ってほしい。ちょっと照れくさいかもしれませんが、ご主人が「今日のお茶、おいしいね」なんて言ってあげたら、奥さんのモチベーションはきっと上がるでしょう。〝還暦の時にしっかり感謝の気持ちを表そう〟だなんて節目を待たずに、お母さんたちの日々の努力に対して、何かひと言でも、きちんと言葉にして感謝の気持ちを伝えてみませんか。

「正しい／正しくない」の判断基準

自分自身の子供との接し方について考えてみると、しつけに関しては、ハワイの教会で牧師をしていた父の影響が大きかったかもしれません。

父は優しさを持って子育てをするタイプでした。優しくて頼れるけれど、ある一線を越えたら怖い。ただし、それは「いけないことをしたら、ものすごく叱《しか》られる」という、一種の「建設的な恐怖」です。そのラインを明確に示してくれたことで、私自身の物事の判断基準が培われてきたように思います。

道徳の面でも同じだと思います。「正しい／正しくない」を分ける線を、はっきりと示していく必要があるのでしょう。幼い子供にも「お母さんが喜ぶこと／喜ばないこと」という評価基準を明確に示せば、身に付いていくはずです。

私の場合、「嘘《うそ》をついてはいけない」ということを、二歳くらいのころから徹底してたたき込みました。

幼いころの娘には、少しそういう傾向の出ていた時期がありました。「英《はな》は今、源《げん》のおもちゃを壊したの？」と尋ねると、娘の目がぎこちなく動くのです。そんな時は、こんなふうに諭《さと》します。

「今、ここで本当じゃないことを言うと、マミーはあなたのことを信頼できなくなるよ。あなたがこれからいろいろなことをしようとした時に、マミーがあなたをビリーブできないと、あなたのやりたいことも制限しなければならなくなる。そうしたら、人生楽しくないよ。それはよくないことだよね？」と。その後で「おもちゃを壊したの？」と尋ね、肯定すると、こうなります。

「じゃあ、今からお尻《しり》ペンペンしないといけないけど、それは悪いことをしたお仕置きであって、あなたのことは愛しているよ」と。そこで初めてお仕置きです。子供は泣きますが、〝お母さんは怒っているようだけれど、訳も分からずにお尻ペンペンされる〟というよりは、きちんと説明をして〝しつけのために、大切なことを忘れないためにお尻ペンペンされる〟ということが分かっていたほうが、子供の後々のためではないでしょうか。

また、「コンセントの差込口に指を入れること」「歩道からはみ出すこと」など、安全にかかわることは厳しくしつけました。少しでもこれを破ろうとしたら、子供の両肩に手をかけて「そこに指を入れると、ビビッとするよ！」「その線から外に出たら、車が来てガンッってするよ！」と、迫力たっぷりに怖がらせたのです。

実際に叱る時のコツとして、先輩ママから教わって実践していたことは、子供が悪いことをしていたとしても突然怒り出すのではなく、その前に「マミーが三まで数える間にやめなければ、お尻ペンペンだよ」というふうに、必ず「警告」を与えることです。

これには、親の側の気持ちを落ち着けるという効果もあります。子育てに悩み、不安に押しつぶされそうな時、子供が言うことを聞かないと、つい手が出てしまいそうになることもあるでしょう。私も何回かは我慢ができず、手を上げてしまったことがあったと思いますが、頑張って「警告」を入れるようにしました。

そして、子供にも「三カウントでお尻ペンペン」と宣言したからには、やめなかった時には本当に実行しなければなりません。しかし、幼いころにしっかりお尻ペンペンをしていれば、三カウントへの信用が生まれているので、手に負えなくなりそうな状況に歯止めをかけることができるのです。

「褒めて伸ばす」と「しつけの責任」

結局、子育ても経営のようなものではないでしょうか。

私は子供の将来を考えた時、「その個性を声に出して認める」「よいところを評価する」という視点を大切にしたいと思っています。もちろん、よくないところは親の責任として指摘し、一緒に直していかなければなりませんが、九〇パーセントはよいところを見つけてあげて、「ここがあなたのすごいところだよ」と評価したいと思うのです。

できれば、子供の前で、他の人に対してひと言でも「この子はこういうことが上手なのよ」と、ちょっと自慢してあげるのもよいと思います。他の人というのは「他人」ということではなくても、おじいさんやおばあさんでもよいでしょう。

そんなふうにして子供が「自分のよいところ」を自覚できれば、子供は他に「得意ではないところ」があったとしても、必要以上に引け目を感じることなく、自分の欠点とまっすぐに向き合えるようになるでしょう。例えば数学が得意でなかったとしても、他に自信を持てるものがあれば、卑屈にならずに教えを請うことができるはずです。人間は〝自分はあれも不得意、これも不得意、何もできない〃と思った時、全部を隠そうとして黙り込んでしまったり、虚勢を張ったりするようになるのではないでしょうか。

子供に〃黙っておいたほうが、動かずにいるほうが無難だ〃と思わせるのは、一番よくないことだと思います。〃なんでも挑戦してみて、ダメだったらまた考えればいい〃と思えるように勇気づけるのも、子育ての役割ではないでしょうか。そのためには「たくさん褒めて、大切なところは指摘する」という比率を守っていけば、子供に自信がついて、物事に取り組む勇気が湧いてくるのではないかと思います。

よくないところを指摘する時も、親の側の努力は必要ですが、言い方次第でポジティブにすることはできます。

電車に乗っていた時のことです。幼い子供が窓の外を見ようとして、座席に上がろうとしていました。すると、その子を連れていたお母さんはこんなふうに言って靴を脱がせ、床にそろえて置いたのです。「靴を脱がなければ座席が汚れるから、次の人が座った時、その人の服も汚れるよね」と。子供の行為をたしなめたわけですが、言い方としては「次の人を考えよう」という、ポジティブな指摘です。

対照的に「どうしていつもそういうことをするの？」とか「だからあなたはいつもダメなのよ」という指摘の仕方があります。

私の父は、牧師として結婚式に立ち会う機会が多く、式を控えたカップルのカウンセリングも行っています。さまざまなカップルを見てきた父ですが、それだけ結婚に立ち会うと、「うまくいく夫婦」と「うまくいかない夫婦」がなんとなく見えてくるのだと言います。

それは「いつも」という言葉を否定的に使っているかどうかが、大きなポイントなのだそうです。「だからいつもダメなのよ」というふうに、「いつも」という言葉を否定的に使うと、全否定をされているように響くのです。

子供のしつけに際しても、「相手を尊重する心」は重要です。正しいしつけをしようとするあまり、子供が身動きが取れなくなるようでは、その子の将来の可能性を狭めることになりかねません。もっとのびのびとして、みずから〝いろいろなことに挑戦してみたい〟と思える子供に育てていきたいと思うのです。

社会に及ぼしたい「お母さんの力」

最後に一点、これまで日本で子育てをしてきた私が今、少々残念に思っていることをお話ししたいと思います。

二十数年前の日本では「オバタリアン」という言葉が流行語になったりして、たくましい日本のお母さんたちの姿が注目されたことがありました。その〝たくましい〟と感じさせるものについて考えてみると、お母さんたちがバーゲンセールで見せるバイタリティーだけではなかったと思います。例えば、電車の中でマナーの悪い女の子を見かけたら、口うるさく注意をして〝オバタリアンって強いな〟と思われるような……。日本の社会には、昔はそういうお母さんがたくさんいたのでしょう。

しかし、そういう「たくましくて世話焼きで、しつけにうるさいお母さんたち」は今、どこへ行ってしまったのでしょうか。現在の四十代や五十代の人たちにも、その精神はしっかりと引き継がれているでしょうか。

つい先日のことです。電車の中で、お母さんに連れられて座っていた二歳くらいの男の子が、突然むずかり始めました。お母さんの携帯を放り投げてしまったりして、暴れようとするので、若いお母さんも抑え込むのに必死な様子です。すると、近くにいた七十代くらいのご夫妻と思われる男性と女性の二人連れが「さっきまで、すごく機嫌がよかったのにね」と、小声で話し合うのが聞こえてきました。

少し前の日本だったら、その年配の女性は「どうしたの？　僕ちゃん」と、子供をあやしに行ったのではないでしょうか。ところが今は変に気を遣ってしまうのか、どこか遠巻きに見ているだけで、手助けをしない。それは、子育てに必死な若いお母さんたちを孤独にすることではないでしょうか。

小さな子供は、親といえどもなかなかコントロールできないものです。誰も優しい目で見てくれず、助けを求めることもできず、周囲に対して迷惑ばかりかけているように思えてくる――それこそ、子育てを難しくする状況です。

私は今、「おばさん世代」にさしかかっていく一人として、世の中の若い世代のしつけや教育に踏み込んでいく責任を感じています。私たちの世代がその役目を引き継がなければ、若いお母さんたちは孤独になり、また、それより若い世代のマナーも悪くなる一方ではないでしょうか。たとえ〝うるさいな、このおばさん〟〝おせっかいだな〟と思われることがあったとしても、その責任を果たしていくことが、日本社会の健全さを守っていく道ではないかと思うのです。

第Ⅲ章

子育てを楽しもう！

就職、結婚、そして出産。
私はこうした数々の人生の節目を
日本で経験してきました。
この国で子育てをしてきた仲間として
ぜひ日本のお母さんたちと
分かち合いたい思いがあるんです——

1
日本人の清潔感
大学卒業後、私は日本の企業《きぎょう》に就職しました。
その時から私の日本での本格的な生活が始まったのです。
海外のどの国に行っても日本のような「清潔感」を保っている国は多くありません。
ロッカールーム
海外の共有スペースでは特にそう感じます。
スリッパがないとちょっと歩きたくないわ……
共用的なところでも自分の「後片付け」を自発的にする習慣が、海外ではあまりないからだとある時気づきました。
return
ポイ
きわめてレベルの高い清潔を保つには利用者1人ひとりの意識や協力がないとできません。
携帯灰皿
食器の片付け
隣近所の掃除
究極の気づかいは傘《かさ》だと思います。
わぉ!
こんな光景今まで見たことない!
込《こ》み合う車内で、濡《ぬ》れた傘が周りの人に触《ふ》れて迷惑《めいわく》にならないようにという気持ちからなのでしょう。

また、ある時こんな体験をしました。

長男が2歳《さい》のころハワイに帰省してレストランでランチを食べた時のことです。

さぁ、ご飯も食べたしそろそろ帰りましょう！

うん！

ちょっと待ってね
子供の散らかしたテーブルを整え、机を拭《ふ》きお皿を重ねているとそれまでざわざわしていたレストランが突然《とつぜん》静まり返りました。

あら？ なぜか急に静かになったわ!?

10年ここで働いているけど、床《ゆか》まで後片付けをしているお客様はあなたが初めてよ！

グレイト！

清潔感へのこだわりは、日本人のほとんどが共有している「気づかいやおもてなし」の精神でしょう。

これも日本の誇《ほこ》るべきものね！

伝統や歴史だけでなく見えない相手を思う気づかいも日本の大切な文化なのです。

2 日本の安心感

ボストン出張《しゅっちょう》中
大学時代を過ごしたボストンは、私の心が和《なご》む場所です。
豊かな自然
懐かしい香り
爽やかな海風
ホテル
お母さん、デジカメがなくなっちゃった
息子がおこづかいをためてようやく買ったデジカメが見当たりません。
ここには?
ここは?
もしかしたらさっきのセミナー会場かも!
お願い! さっきの会場に戻《もど》ってデジカメ捜してもらえる?
OK!
会場まで私が行ってもよかったのですが、1分でも遅《おそ》くなるとなくなってしまう可能性が高まります。海外では、その数分の時間でも油断できないのです。
セミナー会場
6分
10分
HOTEL
息子が小さい時のことです。
つぎは品川〜品川〜
日本
ついたついた

たいへん！荷物
置いてきちゃった！
すみません
さっきの電車に荷物を
置いてきてしまった
のですが……
何分の電車
でしたか？
1時間後にまた品川
に戻ってくるので
降りたところで
待ってみてください
分かり
ました
待つことしばし…
ファーン
あった!!
鞄《かばん》は
そのままの
状態で棚《たな》の上に
ありました。
この話を
外国人の友達に
話すたびに
驚《おどろ》かれます。
WOW！
日本の治安は本当
に特別なんだね
かつて娘が車内で体調が悪くなった時も
横にいたサラリーマンが
助けてくれたといいます。
大丈夫？
娘はこの時の親切を一生
忘れないと今も言っています。
他人への配慮《はいりょ》、
モラル、
誠実な気質を
持っていることが
日本人の前提としてあります。
そんな国で生まれ育つのは
本当に幸せなことだと思います。

3
たくさんの「ありがとう」
日本の文化の中で、特に尊敬しているものがあります。それは「感謝」の言葉が豊かであることです。
「ありがとう」
Thank You（ありがとう）はとても大切な言葉なのよ
はーい
おさないころのルーシー
どこの国でも子供は両親から「ありがとう」の大切さについて学びます。
しかし日本の「ありがとう」は他の国とは少し違《ちが》います。
「すみません」
おちましたよ
ありがとう
for you
そのままでいいですよ
おそれいります
助かりました
お世話になりました
ご馳《ち》走《そう》様《さま》でした
お疲《つか》れ様《さま》でした
「ありがとう」の感謝の表現がとても豊富なのです。

長年日本にいても「感謝の表現」の複雑なニュアンスに迷うことがあります。
えーっと こういう場合は？
ちょっとしたおじぎなど感謝を表すジェスチャーもあります。
ありがとう
日本人の文化ではビジネスでもプライベートでも感謝の気持ちを表すことが基本的な習慣になっています。
ありがとう
バスの中でも・・・
○○行
ありがとうございました
ありがとうございました
目的地まで無事に連れて行ってくれた運転手へのお礼の気持ちを、当たり前のように何気なく言葉にしていることにいつも心を打たれます。
「ありがとう」をここまで毎日の生活習慣に取り入れている日本人が大好き！
すごいね
先日タクシーに娘と乗っていたら
ありがとうございます
母親としてとても穏《おだ》やかな気持ちになりました。日本人の「お礼の心」を、親子一緒《いっしょ》にどの国へ行っても大切にしていきたいです。
日本で暮らせてありがとう

落書きだらけのテキスト

娘が一歳前のころに子供連れで参加していた勉強会のテキストを久しぶりに開くと、ぐちゃぐちゃの落書きがページから飛び出してきました。

当時、私は聖書の勉強をするために自宅で毎日英語のテキストを読み、週一回は同じように勉強を続けている教会のメンバーとのグループディスカッションに参加していました。とはいえ、これは決して格好のいいものではありません。「ごちゃごちゃ勉強会」と呼んでいいくらいの集まりでした。

教えてくださる先生は、四歳から十歳まで三人の子供を持ち、まさに子育て真っ最中の女性。その先生の家に私たち三人の生徒が集まるのですが、それぞれが幼稚園入園前の子供を連れて来るのです。リビングやキッチンを走り回り、けんかをしまくる子供たちの、大騒ぎの中での話し合いです。本来なら一回一時間半くらいで終わる内容でも、「おっぱいタイム」「けんか仲介タイム」「お尻《しり》ペンペンタイム」「おやつタイム」を含めると、平気で四時間はかかってしまいます。

結局、同じメンバーで三年続けて勉強しましたが、私はその中で、子育てのあるべき姿や「働く母親」としての姿勢を学んだ気がします。テレビドラマや映画、子育て雑誌に出てくるような「格好のいい子育て」の幻想を追い求めるのではなく、その「ごちゃごちゃ」の中に子育ての幸せを見いだしたのです。それが、子育てと仕事を両立する時の精神的なスタンスを身に付けることにもつながっています。

それは、周りの外国人ママと日本人ママを観察しながら、コテコテの日本の不動産企業で、サラリーマンと言われる方々、天才経営者と言われるような方、また、未婚・既婚を含めたキャリアウーマンたちと一緒に働いてきたおかげでもあります。日本企業の最先端の経営人が考える女性参画や、同僚・部下の女性たちが考えるキャリアのど真ん中にいた私が、アナザーワールドの皆様と日々を過ごす中で、自分なりの「子育てと仕事の両立の道」を見つけたのです。

横浜で生まれ育った長男と長女が、今、他言語習得に非常に積極的になり、広く海外に目を向けるいわゆる「国際人」になっているのを見て、〝私が考えたハッピーな子育て、仕事との楽しい両立の道は間違っていなかったのかな？〟と思っています。そんな私の体験から、少しでも〝仕事を継続しながら子育てをするのは楽しそう！〟と思っていただいたり、子育て中で苦労している方が元気になったりしてくだされば、何より幸せに思います。

「ごちゃごちゃ」の今を一〇〇パーセント生きる

さて、先の勉強会についてです。

人によってはイラッとする状況かもしれませんが、子供が大きくなった今にして思うと、大事な時間だったことがよく分かります。

先生も他のメンバーも、日本で小さな子供を育てている外国人ママたち。その場に連れてくる子供は一歳から四歳までと、みんな同じような年齢です。走り回る五人の子供たちに対して、丸いダイニングテーブルを囲んで勉強に励む大人は四人。少数派の私たち大人は、大切な勉強をするため、子供の雑音から逃れるようにマインドを整えます。しかし、娘の英《はな》はママの近くにいるのが大好きだったので、膝《ひざ》の上に座らせておいたところ、私が先生のお話に耳を傾けている間に、赤や青、時には黒のマーカーペンで、テキストにたくさんの落書きを残していました。

今のように海外の本がインターネット等で簡単に手に入る時代ではありませんでしたので、英語のテキストは貴重なものでした。また、収入の少ない私にとっては高価なテキストでしたが、それ以上に価値あるのがこの落書きなのだと、今になって分かるのです。その「ごちゃごちゃ」こそ、われわれ母親の葛藤《かっとう》の元に違いありません。しかし、その葛藤に「両立」のあるべき姿も潜んでいると思いますし、母親だからたどり着ける答えもあるのです。

なかなかコントロールがきかない年齢の子供たちが居間でワイワイする中で、赤ちゃんたちは「ママに近い場所」を求めます。一歳になる娘は私の膝の上にいることを強く望んだために、毎回、異なる色のペンで描かれる色とりどりの落書きがテキストのページを飾りました。落書き中の英ちゃんを見て、周囲は「せっかくの書物がもったいない！」と言わんばかりでしたが、私としては子供を叱《しか》ることにエネルギーを燃やすよりも、自分が伸びるための勉強にエネルギーを使いたかったのです。

「Choose Your Battles（自分が戦える場を選べ）」。子育てに際しても、一つ一つの場面で深く考え、当事者意識を持ってレスポンスや行動、判断をしていくことが、ハッピーな子育てへの鍵《かぎ》ではないかと思います。

瞬間的に考えると「しつけが悪い」と思われるような状況だったかもしれませんが、結果的に、いつ本棚の整理をしてもそのテキストだけは捨てられません。子供たちの成長が綴《つづ》られたフォトアルバムと同様、私と娘が共に過ごした貴重な思い出の品として、いつまでも手元に置いておきたい本になっています。

総じて、子育てとはそういうものなのでしょう。子供たち一人ひとりが個性豊かな人間であるのと同じように、母親も一人ひとり、子供に対して異なる思いを持っていることを忘れてはいけません。周りを気にしすぎて、それに合わせようとするばかりでは、自分自身の中に芯《しん》もなく、走り回るばかりの子育てシーズンになるような気がします。

これは、家を守ることを専業で選んでいる方も、子供を育てつつ職業を持って外で収入を得てくる母親も同じでしょう。子供の個性に応じた「ベストな育成」に対する自分自身の直感を信じる勇気が必要です。ご自分の価値観を大切にしながら、周りのよいところを取り入れて、自分流の子育てをエンジョイしていただきたいのです。

「ごちゃごちゃ状態」の子育ての時期はすごく疲れますし、一人で子供を育てているような気分になる時もあるものです。私は小学校入学前の子供たちを抱えて、スーパーで買い物をしていた時のことを思い出します。あまりにもくたびれていた時は、スーパーの床を見て〝この床の上でもまったく問題なく眠れるな〟と思ったことさえあります。

そんな時、先輩ママの一人がこんなことを言ってくれたのです。

「今は大変かもしれないけど、終わってみれば〝いつの間にか過ぎてしまった〟という気分になるものよ。子供との時間は、絶対に無駄にしないほうがいいよ」と。

そのアドバイスを希望として心に抱き始めてからは、子育ての疲労感が少しずつパワーに切り替わり始めました。アドバイスの通り、絶対に無駄にしないようにと意識して「ごちゃごちゃ」を大事にしていくと、スーパーの床を眺めていても〝横になってゆっくりする時間は、少しだけ待てばいくらでもある！〟と思えるようになりました。「今、この瞬間をいかに充実させるか」ということに意識を集中するようにしたのです。その時の「今」を一〇〇パーセント生きるようにしたおかげで、子供との太いパイプが育ってきたことを実感しています。

幻のような理想を追い求めるのではなく、自分自身の「今」に幸せを見いだす――そんな力を磨いていくと、「小さな幸せ」が積み重なって、やがて「大きな幸せ」にたどり着くような気がするのです。きっと、家族に出すお皿を楽しそうに洗っていたお義母さんも、日々、こんな幸せを味わっていたのではないでしょうか。

社会の活力を生む「ワーク・ライフ・ミックス」

このごろ「ワーク・ライフ・バランス（仕事と生活の調和）」という言葉をよく耳にします。しかし、ママたちにはよく分かるはずですが、「バランス」というのは幻にすぎません。また、このキャッチフレーズだと、「ワーク」以外のものは全部「ライフ」に含まれているようにも聞こえますが、子育て中のお母さんたちにとって「ワークに五割、ライフに五割」と分けた考え方をするのは、無理に近い話だと思います。

私は「ワーク」と「ライフ」をミックスして一五〇パーセントの力を出すということを提言したいと思います。分かれた領域として考えるのではなく、ワークをフルに、ライフもフルにできると、今までにない優れた女性パワーが生まれると思うのです。

どんな女性も、妊娠が判明した瞬間から子供が二十歳になるまでの間、心の中の優先順位ははっきりしていると思います。うれしいことに、私たちは何より子供を優先するような根本的な体質としての「母性」に恵まれています。その本来の気持ちを抑えて、ワークを一〇〇パーセントできるようにと必死で我慢すると、精神的につらくなり、それこそ心身共に「アンバランス」になります。

また、職場では公私混同を嫌うあまり、「子供や家族とのかかわりの中にある私」という母親として最も大事にしたい領域が、なぜか周囲に対して〝申し訳ない〟と感じるものになってしまうのです。そうなると、子供の誕生日や学校の参観日が出勤日に当たることが日常的に起きてしまい、子供の大事な試験勉強の手伝いをしたくても、ボスや同僚に「お休みを……」とはなかなか言い出せません。堂々と理由を言って応援していただけるようになれば、働くママたちの気持ちはどんなに楽になることでしょうか！

私は子育てをしながら管理職や経営者として仕事をする中で、一緒に働いている若い女の子たちには、いつもこう言ってきました。

「結婚も出産も子育ても、絶対に大切な人生経験だよ。時間もお金も、きっとなんとかなる！　あなたに子供ができたら、私が上司として一〇〇パーセント、バックアップするからね。あなたの能力は、オフィスにいても家にいても変わらないし、会社はあなたの力を必要としているから、このまま力を貸してくださいね」と。

その代わり、子育ての真っ最中だった私も、彼女たちにたくさんバックアップしてもらいました。

この「補い合う」という感覚が男女を越えて広がって、「ワーク」と「ライフ」を分ける必要がなくなっていけば、女性はガンガンパワーアップして、「ワーク」にも「ライフ」にも一〇〇パーセント以上の力が出せるようになるはずです。疲労感に覆われている状態では力が出ませんが、周囲の応援を受けてモチベーションが上がってくると、家事や子育てに向ける力も仕事に向ける力もどんどん湧《わ》き出てくるのです。

そうした女性たちの力こそが、今までにない社会の活力を生んで、ＧＤＰにもプラスの影響が出てくるのではないかと思います。

「パーフェクトなママ」にならなくても

私自身の子育てを振り返ると、周りから見たらめちゃくちゃの「わがままママ」だったに違いありませんが、なんとなくですが、自分自身がモルモットとなって試行錯誤する中で、「ワーク・ライフ・ミックス」という子育ての時期の新しいライフスタイルを開拓してきたような気がします。

息子の源《げん》と娘の英を妊娠してから、私も「子育てチャレンジ」にぶつかってきました。母国のアメリカで子供を育てた経験はありませんが、日本のママたちの「子育てバトル」は、同じ経験をしてきた仲間としてよく理解できます。周囲から「しっかりしている」と言われるママになるためには、どれだけの根性が必要か！　私は日本で理想とされる子育てスタイルを観察してきて、自分には絶対に無理だと思いました。

最初のころは、子育てのアドバイスが書かれた日本の雑誌を一生懸命に読みましたが、なんだか自信を失うばかりでした。周りのお母さんたちの話を聞いていても、みんな「パーフェクトなママ」になって「パーフェクトと思われる子育て」をしようとしている気がして、どこかで「そのママの個性」や「その子独自の可能性」が後回しにされているような気がしてなりませんでした。

〝自分には無理！〟と思ってしまうと、いろいろなことにつまずき始めます。それが原因で、子供にも、近所にも、職場の皆さんにも、そして当時の夫にも迷惑をかけてしまった時期がありました。今にして思えば、社会で言われるような「バランス」という幻を信じるあまり、すべてが中途半端になってしまい、どこでもハッピーになれず、自分自身が精神的に参ってしまうような状況に陥っていたのです。

私は国際結婚だったこともあり、日本人の夫との間で「あうんの呼吸」ができず、相手から求められているものやその期待値が理解できずにいました。また、幼稚園や小学校の先生にどう応じるか、近所付き合いをどのように大事にするか、周りのお母さんたちとどう付き合うかなど、すべてに迷いながら数年を過ごしました。本当は外国人でなくても、日本人のお母さんたちにも同じような悩みはあるのでしょうが……。

今になって分かることですが、問題のメインの原因は、他の人の期待に応《こた》えるために、必死に動いたことでした。その根源には〝他人に悪く思われたくない〟という思いがありました。悪く思われたくないという気持ちと、本当は自分の子供中心に生きたいという気持ちが、いつもぶつかっているような感じでした。その葛藤の中をステップ・バイ・ステップで慎重に歩もうとしたことが、大きなストレスになっていたのです。

私の本音としては、やはり夫と子供を愛する気持ちがベースにあり、私のすべての行動は、そうした「愛する対象のため」にするものでありたいと思っていました。しかし、周囲のいろいろな方や社会のルール的な期待に応えるために、本来の自分の価値観を後回しにする必要を感じてしまったのです。

その中で一番犠牲にしていたのは実に自分自身だったということが、今、バックミラーを眺めるような思いで、ようやく分かるようになりました。

葛藤の中で生まれた「ハッピーな連携」

日本にはしっかりとした保育園制度がありますが、私の家の周りの施設は、月曜日から金曜日の朝八時半から夕方の五時まで預けることが前提になっていました。しかし、私はフリーランスの仕事を主に在宅でしていたため、幼い息子や娘を平日に毎日、一日中預ける必要はありませんでした。月曜日と木曜日だけ保育園に預けて、その二日間と他の平日の夜や早朝、子供のお昼寝の時間などを有効に使えば、子供と遊んだりして共に過ごす時間をしっかり確保したうえで、自分の仕事や勉強の時間も確保できたのです。

ところが「平等」というポリシーからなのか、保育園では「臨時的な保育ニーズには応じられない」ということでした。自分の子育てに対する希望、自分の理想とする子供との過ごし方を後回しにしない限り、保育園には受け入れてもらえない状況です。そこで、民間企業が提供するベビーシッターサービスに頼むことにしました。

当時は二人の子供を預けると、一時間で二千五百円でした。夕方の六時以降は一時間二千七百円になります。テレビの仕事や会議で外出しないといけないことの多かった月は、ベビーシッター代に二十五万円以上を費やし、その月の給料をはるかに超える額になったことも多々あります。出費と収入のバランスから考えて、継続は無理だと分かりました。

その時、こんなことを思いついたのです。

〝うまくいかないのもチャンス。きっと同じマンションには、私の子供を自宅で預かるベビーシッターの仕事を歓迎するママもいるに違いないわ！〟と。

私はマンションのエントランス横の掲示板に「ベビーシッター募集」という張り紙を出すことにしました。掲示についての申請を出そうとしていたまさにその時、マンションの管理組合の理事を担っていたママの一人が「やります！」と即答。そのひと言で、ベビーシッター先が決まりました。

結局五、六年ほど、同じマンションの方と教会の友人のお世話になりましたが、預けられる子供からすると、わが家の他にファミリーが二つも増えたような状況で、とてもうれしい結果になりました。

頼る勇気

一方の私自身は、子供を預けたおかげで、他のお母さんたちの姿を間近で見る機会を得ました。

私が勝手にネガティブになっていただけなのですが、他のお母さんたちが子育てや家事を完璧《かんぺき》にこなしている状態を観察していると、「他人が持っているのに、自分自身は持っていないもの」を思い知らされ、自分が何から何まで理想に添っていないことを痛感したのです。すると、どんなお母さんを見ても、私自身ができないことを他の誰もができているように見えてきました。

例えば、あるママは手先が器用で、幼稚園で使うスモックや弁当袋を一瞬にして完璧に縫い上げることができます。その方が、私の息子の源のために、当時はやっていた「ポケットモンスター」のピカチュウ柄の幼稚園グッズを名前の刺繍《ししゅう》入りで縫ってくださったことを、今でも鮮明に記憶しています。ところがその時の私は、相手のご好意に純粋に感謝すればよいのに、私がその方に頼ったことで迷惑をかけてしまったように思い、申し訳ない気持ちでいっぱいでした。

別のママの家は、いつも完璧に掃除されていました。また、お嬢さんの洋服に丁寧にアイロンをかけたラインが入っていたり、髪型がかわいらしい三つ編みに仕上がっていたりすると、そのことに純粋に感心するより、「できない自分」を責める気持ちのほうが強かったのです。

そして、お料理が得意で、四人の子供たちを優しく包み込むように育てている友人もいました。そんな姿を見ていると、私は二人しか子供がいないのに彼女ほど優しく子供に接することができないこと、夫が求めるようなおいしい料理がつくれないことを思って、またまた自分を責めてしまいます。さらに、言うまでもないことですが、夫の母もまた「完璧なお母さん」に見えました。

義母の白石香世子《しらいしかよこ》さんは三年前に天国に行きましたが、私の中では、香世子さんこそがめざすべき母親像です。前の章でも紹介したようなたくさんのエピソードを通して、香世子さんはすばらしい愛の表現をしていました。また、子育てに悩む私に「他のママたちや家族に頼る勇気」を教えてくれたのも香世子さんでした。

私は当時、フリーランスの通訳者として、ある中小企業の社長と共に海外に行く仕事をしており、三か月に一回くらいのペースで一週間以上の海外出張がありました。子供たちには申し訳ない気持ちもありましたが、その反面、子供の将来にさまざまな選択ができる状況をつくってあげたいという気持ちがあり、将来の学費のためと思って、機会があれば積極的に行くようにしたのです。

また、子供たちの英語習得のためにも、ハワイにある私の実家に年に一度は帰りたかったのですが、海外に住んだことがないためにそこまでのホームシックを経験したことがなかった当時の夫にとって、私の実家は「帰る場所」ではなく、海外旅行同様に「行く場所」だったようです。「海外旅行に行くお金はないよ！」と言われては、自分で稼ぐしかないと思い、出張の仕事や翻訳なども積極的に請け負うようにしました。

留守中のことをお義母《かあ》さんにお願いすると、快く引き受けてくださいました。そこで出張の三日前からお義母さんに来ていただいて、私たち親子の生活の流れをつかんでもらおうと思ったところ、いくつもの仕事を同時進行できる「マルチタスク」マスターの香世子さんのペースに、私たちのほうが巻き込まれていったのです。

私が洗濯物を目立たないところに干そうとすると、お義母さんは「これでは乾かないわ！」と言って、そこから部屋中が「洗濯物ジャングル」に様変わり。あちこちにハンガーをつるし、洗濯物を干すためのスタンドを立てるのです。そして、晴れている時は必ずバルコニーに移動させるので、私たち家族が着るものは、いつもフレッシュな香りに包まれていました。

また、子供たちが裸足《はだし》で走り回るのでぺちゃんこになっていた絨毯《じゅうたん》も、お義母さんは丸一日かけて、雑巾《ぞうきん》一枚で少しずつ、拭《ふ》き掃除をしていきました。落ちていた髪の毛やほこりが雑巾に付着すると、水を張ったバケツで洗って絞り、また拭き上げる……ということを繰り返して、絨毯の毛を丹念に立てていくのです。

台所で煮物やニンニクライスをつくる合間にも洗濯物をたたみ、絨毯の掃除をするお義母さんは、とても輝いていました。それも子供たちに声をかけ、一緒に童謡を歌いながら……。私は〝お義母さんの右に出る女性はいないな〟と思いました。

その時、私は気づいたのです。「他のお母さんたちが完璧にこなしていることをできない自分」を責めるばかりでは、いつまでたってもハッピーにはなれません。そして、母親がハッピーでなければ家庭内のみんながハッピーになることはありません。私自身がハッピーになれないことが、子供にとっても自分にとっても一番悪い状態だったのではないか、ということに。

では、どうするか――他のママたちがこなしていることを素直な気持ちで見つめて、お世話になった時は喜び、感謝するのです。声を出して、相手を心から賞賛し、励ますのです。また、心を広く、大きく、オープンにして、自分に得意なものがあれば、他の人のために自分にできるところから貢献していくのです。

今のママたちは周囲に気を遣いすぎて、本来なら「助け合い」と考えればよいことまで〝相手に迷惑をかけているのではないかしら？〟と思って、遠慮をしてしまっているような気がします。

「自信のない自分」の殻を破るために

以前は私も、他のママたちや完璧なお義母さんを見て、自分を責めることが多かったのです。

〝編み物もできず、料理はいつも塩辛く仕上がってしまい、子供に着せる洋服がしわだらけであることや絨毯が汚れていることにも気づかないくらい鈍感な私は、どうしたらよいの？　どのようにしたら、この自信のなさを克服できるの？〟と。

究極の気持ちの落ち込みは、娘の英の誕生の直後に起きました。その時はお義母さんが手伝いに来てくれていたので、私はこれといった家事もしなくてよい状況だったのですが、くたびれて寝室のベッドに横たわっていました。

自宅は寝室のすぐ横に居間がある間取りのため、夫と長男、お義母さんが赤ちゃんを囲んで話し合う、楽しそうな声が聞こえてきます。また、経験者には分かっていただけると思いますが、私は妊娠中にずいぶん体重が増えてしまい、おなかがそのまま妊娠しているように見えました。二回目の出産で体がぼろぼろになったように感じ、誰よりも「奥さん業」「母親業」ができていない気分になっていた私は、壁の向こう側から聞こえてくる家族のハッピーな声にさえ、深く落ち込んでいたのです。

私はベッドから起きて、つくり笑顔を浮かべて居間へ行き、みんなにひと言断ってからジョギングに出かけました。ジョギングと言っても体が重く感じられ、どちらかというと「歩いている」に近い状態です。夜空の下、心が落ち込んだ状態で真っ暗な道を行くと、後ろから市営バスが近づいてくる気配がしました。信号のない場所ですし、バスはかなりのスピードで迫ってきます。その時、私は一瞬〝もし、今ここで右に倒れたら……〟と思いました。

それはホルモンバランスの影響であったのかもしれませんが、周りの「完璧」に比べて「できない私」は、自分の存在自体が迷惑なのではないかと思ってしまい、〝私なんか、いないほうが子供のためになる〟と、本当に思ったのです。

私たち母親は、どんなに頑張っていても、何か特定の分野では輝いていたとしても、「みんなの期待」すべてに応えきることはできず、「誰かと比べてできていない部分を恥じる気持ち」になりがちです。

その殻を破る鍵は、一人ひとりの中に潜んでいます。私たちは今、社会の中で孤独になっているのではないでしょうか。私たちがもっと素直に周囲を頼り、それぞれの得意分野を組み合わせて、お互いに助け合うようにしたら、少子高齢化など、克服すべき課題をたくさん抱える日本社会に対しても、みんなの力を合わせて大きな貢献ができると確信しています。

「助け合い」の文化を見直す

昔の日本社会では、コミュニティでの「助け合い」ということが、今よりももっと自然な形で行われていたのではないでしょうか。

私の生まれ育ったハワイには、百数十年前から、たくさんの日本人が移住してきています。そのためか、もともとのハワイアンのアロハスピリッツに、日本の精神文化が混じっているような部分がありました。

例えば日本の人たちは、旅行に行くと「隣近所の人に」と、お土産を買って帰ったりするでしょう。こうした習慣は、アメリカ本土ではあまり見られませんが、ハワイには同じような文化があります。

そこにあるのは「ギブ・アンド・テイク」というよりは、見返りは期待せずに分かち合おうとする「シェア」の精神です。ですから、人様から何かいただき物をした時も〝すぐにお返しをしなければ〟とは思わないのです。その時はいただきっぱなしだったとしても、いつか、何かがあった時にお返しをすればよいという雰囲気があります。相手との「長いお付き合い」を前提にしているからこそ、そのように考えられるのでしょう。

私が周囲のママたちを頼ることができるようになったのも、〝いずれ、なんらかの形でお返しをする機会はある〟という確信があったからです。物質的に豊かで便利な時代を迎えた今、必要以上に遠慮をするようになって、日本社会に本来あったはずの助け合える関係が失われていくとしたら、もったいないことではないでしょうか。

どんなに立派な政策があったとしても、私たち一人ひとりが日本を「子育てのしやすい国」にしていく意識を持たなければ、状況は変わりません。

ベビーカーと一緒にバスを待っているお母さんに出会ったら、「乗る時にヘルプが必要だったら、言ってくださいね」と言って、ひと声かける。電車の中でむずかっている子供がいたら、「僕、どうしたの？」と言って、話しかけてみる。私たちもみんな、昔は赤ちゃんだったのです。子育てをするお母さんたちを、広い心と温かい目で見守っていきたいものです。

「お母さんが輝ける社会」を築くために

私は「タイタニック」という映画が大好きです。

私にとってのベストシーンは、年老いたローズが、女性について、こんなふうに語るところです。「女性の心は深い海のようです。その海底のディープなところに何があるのか、計り知れません」と。そのセリフに、私はたいへん共感しました。

世の中のお母さんたちは、妊娠したその時から、おなかの中にいる子供に向ける心は一つでしょう。ところが、自分一人で「マルチタスク」を完璧にこなそうとするあまり、プレッシャーに負けそうになってしまうことがあります。

そんな私たち自身と子供たちの将来のために必要なものは、周囲との「連携」ではないでしょうか。企業が「自社とは別の領域を得意とする企業」と提携するのと同じように、ママたちも一人ひとりの特技や得意分野を生かして、周りのママたちと連携するのです。そうしていったら、どんなに大きな力を発揮できるでしょうか。

友人の一人に、モデルの仕事をしている人がいます。私から見れば、彼女は背が高く、目がぱっちりと美しいクルミ色に輝いていて、お肌や髪はつやつやとして、どんなオーディションに行っても絶対に受かるだろうと思えます。

ところが彼女の話を聞いていて、とてもショッキングな事実に気づきました。私から見ると「特別な彼女」が、同じモデル仲間のグループに入ると「One of them」になるのです。際立った美人も、そういう人ばかりがそろっている場では、目立たなくなるのは当然のことなのかもしれません。

同じように、際立った得意分野を持っている女性が、いざ子供ができて、同じようなママたちの中に入っていくと、その特技が目立たなくなることがあるような気がします。“全部を完璧にこなさなければ〟というプレッシャーの中で、一人ひとりのお母さんが持っているせっかくの個性や特技が埋もれてしまうのは、もったいないですね。

ママたちよ、お互いの得意分野と特技を見いだしてあげましょう！　応援しましょう！　足りないところがあれば、補い合いましょう！　そんなふうにしていけば、子育ての楽しみを存分に味わうことができ、ハッピーなお母さんのもとで、子供たちものびのびしてくるのではないでしょうか。

お料理が上手なお姑さんがいるのなら、キッチンを無条件に引き渡す。よその子の洋服にアイロンが丁寧にかけられていることに気づいたら、心から賞賛する。子供たちと上手にコミュニケーションを取っているお母さんがいれば、そのコツを学ぶ……。他人と比較して自分自身の欠点を発見するのではなく、相手の長所を見いだして、それを褒め称《たた》える努力をしてみませんか。

一人ひとりのお母さんが美しく輝けるような社会を実現すること——これは非常に大きな話のようですが、実にシンプルなところから始められると思うのです。今日から一緒に頑張っていきましょう！

親子で楽しもう！ ルーシーぬりえ

「ごちゃごちゃ」の子育て中のお母さんも子供と一緒に楽しめる本をつくりたい――そんな思いが「ぬりえ」になりました。

＊作品の写真を reirou@moralogy.jp へお送りください。
モラロジー研究所出版部のホームページ http://book.moralogy.jp/ 内で紹介します。

第Ⅳ章

女性が輝けば 日本が輝く！

お母さんは家庭の太陽！
そして、ビジネスの場においても
女性は周囲を輝かすことができる存在。
その持ち味を存分に生かしながら
社会に貢献していく方法を
ご一緒に考えてみませんか？

1

チームワーク

ルーシー
what do you
おはようございます
おはようございます
テレビ出演させていただく機会が増えました。
そのたびに思うことがあります。
メイクさんからカメラマンさんまで、「言わなくても通じるもの」があるのです。
会議してる人たち
ヘアメイクさん
音声さん
番組を成功させるぞ！
お弁当を運ぶ人
カメラマン
まるで糸でつながってるみたい！

自然と気遣い合うことができる連携力《れんけいりょく》、チームワークは日本人の強みです。
サンキュー
今度の土曜日遊ぼうよ
土曜日はもしかしたら仕事が入るかも…
予定が曖昧《あいまい》だから今回はやめておくね
OK! しかたないね
日本人は相手に迷惑《めいわく》をかける可能性があると最初から予定することはありません。
でも、1度引き受けたら最後までやり遂《と》げる!
そんな仕事や相手に対する共通の責任感が連携力を生むのでしょう。
24
海外では、問題を1人で解決することが最も評価されます。
しかし、彼《かれ》らがもし日本で働いていたら日本人は困ってしまうでしょう(笑)。日本では、1人で仕事はしないからです。
GOING MY WAY
よし、皆《みな》で頑張ろう!
「チームで達成すること」を潜在的《せんざいてき》に身につけていることが日本人の強さなのです。

2 売り込まない営業

外国
外国の営業と日本の営業には大きな違《ちが》いがあります。
この商品は…
新機能がつきまして
他社と比べて…
費用対効果も高く
これは絶対御社《おんしゃ》の役に立ちます!
ぜひ買ってください!
オススメ 1
自分をアピールすることは外国では普通《ふつう》のことです。
○○大学を出ました
営業の売上げがトップです
必ずあなたの役に立ちます
いかに自分がすごいビジネスマンかと思ってもらうことが重要なのです。
日本
御社のターゲット層は?
最近の悩《なや》みは?
フムフムフム
それはねえ…
ペラペラ…
ペラペラ…
ペラペラ…
ペラペラ
私が見た日本の営業マンの多くは、アピールではなくヒアリングから入ります。

これじゃあ商品のこと分かってもらえないわ
売れるわけない
聞いてばっかり
なぜ商品のアピールをしないのですか?
ルーシー
重要なのは商品の説明ではなく、まず話を聞くことなんだよ
この人は私の話をよく聞いてくれるなぁ
会社にも興味を持ってくれている
へぇ〜
それでね
あの時はね
そういえばおたくの商品はどんなのがあるんだい?
!!!
これが日本流のビジネススタイルなのです。
信頼
相手の立場に立って話を聞くことでそこに「信頼《しんらい》」が生まれます。
さらに、話をじっくり聞いているから相手が求めていることに対して最良の提案ができるのです。
今では日本の営業スタイルを学ぶ海外の企業《きぎょう》もあります。自信を持って世界でその手法を貫《つらぬ》いてください。
WO~W!
海外の手法と統合させるべき、貴重な営業ノウハウね

3
シンプルな美しさ
私の自宅の最寄《もよ》り駅と通っている教会の駅には素敵な共通点があります。
まあ素敵！
忙《いそが》しい時は見落としてしまいそうなほど、それは控《ひか》えめに置いてあります。
私は、世界中の友達にこの風景を紹介《しょうかい》しました。
ブログにアップしよう……
パシャッ
海外にいる友人たちから驚《おどろ》きの声が続々と届きました。
日本って本当に素敵な国ですね！
ワンダフル！
1度だけ、駅で花を生けている方を見かけました。
あっ！お花アーティスト
私の母くらいの年齢《ねんれい》の方が静かに作品を創作していました。彼女《かのじょ》の周囲には、穏《おだ》やかな空気が漂《ただよ》っています。

思わずお礼を言うと
いつもありがとうございます！
いえいえ
にっこりとほほ笑《え》んでくれました。とても心が温かくなりました。
その後は1度も〝お花アーティスト〟には出会えていません。
でも、その日の生け花を写真に撮《と》って人に見せたりすることで1日が豊かな気持ちになります。毎日の楽しみの一つです。
まるでお花がおしゃべりして
いってらっしゃい
お帰りなさい
と言ってくれているようでいつもワクワクします。
私だけでなく疲《つか》れて駅にやってくる多くの方々の心に潤《うるお》いを与《あた》えてくれていると思います。
日本にいると、「空気のような親切」を感じることがあります。それは、日本人が持つ格別な「おもてなし」の心の表現のような気がします。
これこそが日本人自身が気づいていない外国人が憧《あこが》れる日本流のシンプルな美しさなのです。

「自分を飾らない」というスタンス

子育てをする日本の女性たちが、自分を責めたり、肩身の狭い思いを味わったりすることなく、自分の「今」に幸せを見いだせるようになる。そんな輝かしい未来を、私はぜひ実現したいと思っています。

私は日本で三十年近く暮らしていますが、ここ数年の国際化の勢いには驚くばかりです。この勢いはますます加速し、あと十年もすれば、外国人と一緒に働くことが当たり前の時代になるでしょう。そうした時代を、日本の女性が仕事も家庭も子育てもすべてハッピーにしながら生きていくには、どうしたらよいでしょうか。

日本の女性のよさを一〇〇パーセント発揮し、家庭も職場も輝かせながら、国際化する日本をハッピーに生き抜いていく。そのために大切なことについて、ここではいくつか提案してみたいと思います。

＊

これからの世界では「分からないから教えて！」と言えることが、大切なリーダーシップ・スキルになってきます。これから日本もたくさんの外国籍ワーカーを受け入れることになり、性別も国籍も超えて、多様な人たちが一緒に働くような時代になります。そこでは「分からないから……」と自分の弱みをさらけ出すことは、一見、不利なスタンスのように感じられるかもしれません。でも、実は大切なノウハウなのです。これこそ女性の得意とするところではないでしょうか。

私は人前で「自分の欠点」をさらけ出すことが、あまり気にならないほうです。

ハワイ出身の私はもともと、とても明るい性格です。アメリカの東海岸で育った大学の同級生たちのような直接的な話し方をするほうではなく、どちらかと言うと日本語に近い「遠回し」な話し方をしていました。突然意見を求められても、頭の中の整理が追いつかず、きちんとした即答はできません。見た感じの性格は、アメリカで言う典型的な「エアヘッド（頭がからっぽ）」でした。

高校三年生のころの出来事です。「ジュニアミス」というコンテストでトップ十位以内に入りました。最終審査に残ったその十人は、壇上で審査員の質問に答えなければなりません。真っ白でゴージャスなロングドレスを身にまとった私は、グローブもつけ、髪には大好きなジャスミンフラワーが飾られていて、一見、とてもきれいだったと思いたいところです。しかし、質問に即答する能力をテストされるわけですから、外見だけでなく、頭も働かせなければならないのです。

ドキドキする私にこんな質問が投げかけられました。

「現在、テレビのアナウンサーの仕事が女性の間でたいへん人気ですが、この業界では男性と女性のどちらにアドバンテージがあると思いますか？」

〝Uh　Oh！〟という感じです。

何百人もの前に立って、緊張の極致だった私には、質問自体がうまく頭に入ってきませんでした。当然、質問を理解したうえでないと、自分の考えを整理して述べることはできません。自分では言葉が出てきただけでも奇跡だったと思っているのですが、その時口を衝《つ》いて出た言葉は、こんなものでした。

「私はとてもじゃないけど平等な状況とは思っていません！　だって、男性はどんなに老けてもアナウンサーの仕事を継続できるけど、女性はまず、美しくなかったらそもそもアナウンサーにはなれないし、老けるとすぐに首になるわ！」

頭が真っ白になっていたので、自分では何を言ったか覚えていないのですが、観客席にいた父親がビデオを撮っていました。「あの答えは一番ウケたよ！」と、からかわれることが多々あります。

結果として、ミスには選ばれませんでしたが、出場者五十人が選ぶ「Miss Congeniality（優しい人、親切な人）」を受賞しました。自分を飾らず、リアルに思ったことを苦しみながらでも一生懸命に伝えようとしたことで、他の女の子たちの目には「親近感のある、温かい人」と映ったのでしょう。私はその経験をバネに〝リアルで飾らないスタンスでいることが一番いい〟と思うようになりました。

その姿勢は、ビジネスにもその後の人生にも大きく役立っています。

さらに、それは私が出会ってきた経営者やトップリーダーにも共通するスタンスであることが、四十九年間の歩みの中で見えてきました。

考えてみると、女の子は小さいころから「知ったかぶり」をするよりも、素直に「教えて！」という姿勢でいたほうが周囲から評価されるものですよね。「なんでも知っている」というように偉そうにしゃべると嫌がられます。「おもしろそう！　教えて！」というスタンスが歓迎されるのです。

他の人から謙虚に学ぶ心や、自分のことより他の人のことを優先するホスピタリティ・マインドは、公私共に貴重な武器となります。

「欠点」を受け入れる

日本に来て間もなく、ある美容院に行った時のことです。アメリカの美容院では味わったことのない経験をしました。

シャンプーとトリートメントが終わって、髪に櫛《くし》を入れていた女性のスタイリストが、私の頭の後ろにある「はげ」を、鏡に大きく映し出したのです。私としては絶対に見たくない、認めたくない部分でした。頭の後ろにあるおかげで自分の目では確認できず、ふだんは忘れていることができたはずの部分。それをあからさまに見せられたのは初めてで、とても気分が悪いものでした。

ところが……。

彼女は「みんなあるんだけど、ここ、ちょっと薄いところがあるね。うまくカバーできるようにスタイリングするね」と、ごく普通のことといった感じで、私の隠したがっていた欠点をさらっとオープンにしてくれたのです。特別に気を遣って言ったふうでもなく、「ここにあるよ」という話し方をしてくれたことに、大きな感動を覚えました。私の欠点を「そんなの小さいことよ！」と言わんばかりに普通に受け入れてくれたことに、勇気が湧《わ》いてきたのです。

小さなことと思われるかもしれませんが、私は日本に来てから、このレベルの「受け入れ」をたくさん経験しています。

そして、それらは女性との関わりの中での経験ばかりです。日本人女性の会話ではへりくだった表現がよく用いられます。自分のことを飾らず、相手の話をよく聞く方が多いように思います。そうしたことも、この「受け入れ」に影響しているのかもしれません。

一方、私たちアメリカ人女性は、男性と肩を並べても「誰にも負けない」「なんでもできる」「対等で当たり前」と思えるような、たいへん恵まれた環境で育ちます。ビジネスの場でも男性と対等に認められ、今や管理職に占める女性の割合は四〇パーセントを超えているという統計もあります。日本社会は「比率を上げるために頑張っている段階」ですが、すでにパーセンテージの上がったアメリカでは、個々の女性管理職の能力をどのように生かすか、女性の起業家がもっと生まれるようにするためにはどうすればよいのか、といった新たな課題に直面しています。近い将来、女性の大統領も生まれるかもしれません。

そんなアメリカの社会では、「女の子はこうあるべき」という言葉は、聞いたことがありません。むしろ男の子ばかりの場へ入っていき、男の子よりもよくできた女の子がとても褒められるのです。

例えば、男子の野球チームに入った女の子が他の選手よりもうまかったり、男子のアメフトチームにキッカー専門で入った女の子が試合の決勝点を取ったりすると、〝ほら、女の子だって負けていないでしょう？〟という気持ちになります。「女性だからといって甘く見ないで！」と言わんばかりの女性パワーは、半端ではありません。

女性には、ビジネスの場でも男性に負けない実績を出すことができます。それでも、私の高校時代のミスコンでの経験同様、女性には「自分を飾らない」というリアルな部分があるからこそ、どんな業界においてもアドバンテージがあるような気がするのです。

「女性管理職三〇パーセント以上」の社会に向けて

日本政府は、二〇二〇年までに管理職に占める女性の割合を三〇パーセント程度にまで引き上げる目標を掲げています。現在、一一パーセントと先進国の中でも低迷している日本が、あと数年で、いったいどんな社会になるのか。女性の割合が四〇パーセントを超えるアメリカでの経験を説明すると、なんとなく日本のこれからの歩みが見えてくるような気がします。本当に楽しくなりますよ！

アメリカでは、職場でも大学でも家庭でも、性別によって役割が固定的に分担されることはありません。どちらかというと「タスク」（務め）で役割が決められます。

会社内のタスクやグループにわざわざ枠をつくって女性を配置しなくても、ごく自然に女性が半数ほどを占めるようになります。メンバー一人ひとりの強みを生かすようなタスク分担をするだけで、マジックのように男女のバランスが自然にでき上がり、男性と女性の特性が生かされたアイディアづくりができるのです。イノベーションあふれる商品開発やトータルビジョンを得意とするアメリカ。そこには、このような多様性のあるチーム力が大きいように思います。

こうした役割分担が社会に浸透するにつれ、恋愛や結婚にも影響が出るようになります。例えば、奥さんが仕事を早めに切り上げることができた日は、子供のお迎えを担当する。旦那さんが先に家に着いたら、奥さんと子供が家に帰るころにはおいしい夕飯ができている。赤ちゃんがお腹を空かして夜泣きをすると、ママとパパが交代で起きてミルクをあげる――。家事もタスクで分担され、それ以外は気づいた人がやるようになるのです。

恋愛でも、お互いをパートナーとしてサポートします。政治問題、小さいころに抱いた夢、将来に対する思いなど、いろいろな事柄について話し合い、意見を求め合います。日本とは異なるかもしれませんが、アメリカだと恋愛や結婚の相手は永遠のパートナーという思いが強く、手をつないで歩き、別れる時の「ハグ」と「チュ」を大切にしています。書いていて、経験者としては照れくさいですが……。

結婚してからも、パートナーシップと恋愛感情を忘れず、いつまでも保っている夫婦が多くいるのです。

私の両親も、お互いの三十歳の誕生日には、ひそかに大サプライズ作戦を繰り広げました。父のパーティーは、牧師を務める父のオフィスに友人が押しかけて「誘拐する」という流れから始まりました。父に目隠しをして「あなたは今、どこにいる?」と謎かけをしながら車であちこち連れ回り、場所ごとに目的地のヒントがあるのです。ワクワクがどんどんエスカレートしていき、最終的には、母の待つ船上のバースデーパーティーの会場に到着。父の目隠しを外し、みんなで「Surprise!」のひと声を発した時のことを、今でも鮮明に覚えています。

いつも父からかわいらしい洋服をプレゼントされる母。父が教会での説教を終えた後、帰りの車の中でパートナーとして熱論を交わす両親。アメリカ育ちの私にとって、どんな友達よりも、どの家族のメンバーよりも、夫や妻は「心を許す相手」として最高の相手なのです。

女性の社会進出が当たり前になり、会社で働く男女の比率が半々になってくると、別々の会社で共働きをしていても、一緒に畑仕事をするご夫婦や駄菓子店を営むご夫婦のように、パートナーが「よき理解者」や「味方」として、とても大事になってきます。

心を許せる相手は夫か女友達か

私は日本で恋愛と結婚（離婚も）を経験して、大きなことに気づきました。日本では、私がアメリカで経験したカップルや夫婦の関係性を、女性同士で見事にカバーしているような気がします。日本の女性たちにとって「心を許せる相手」や「なんでも相談ができる相手」は、夫よりも女友達なのではないでしょうか。

男性陣も、そうしたことは男性同士で相談します。日本では性別に応じて物事を考えないといけないアンバランスが存在しているためか、無意識に別々にされている感覚があります。アメリカで公然とやるような男女のラブラブを日本でやると、ビックリするほど目立ちますね。しかし不思議なことに、女性同士が仲よく手をつないで歩いたり、スキンシップをしたりすることには違和感がありません。

一九八七年ごろ、大分県にあるフィットネスセンターでアルバイトをした時の話です。当時は外国人がとても珍しく、一緒に働く女性スタッフにはよく髪などを触られて「猫みたい！」と驚かれました。女性ばかりになると、腕を組んで歩いたり、顔やお肌を触ったり、頭を「いい子、いい子」となでたりと、とてもかわいらしいしぐさが多くなるのです。

それだけならカワイイで終わるのですが、ビックリするようなことが起きました。胸のサイズの話になった時、みんな服の上からお互いの胸に触れ、大きさを比べ始めたのです！　顔が真っ赤になりました。幼いころから一緒にお風呂や温泉に入るなど、裸のお付き合いが当たり前の日本では、女性同士ですることには抵抗がないのでしょう。また、大きさの比較と言っても「理想からするとあなたのはよくない」などというジャッジメントは入らず、純粋な「ふれあい」として行われていたのが印象的でした。

女性の中でも、特に日本の女性は、自分を飾らず、競わず、互いを尊重し合えるような人間関係を築く能力に長《た》けていると思います。

私はビジネスをやってきた二十七年間で、さまざまな男性に出会いました。日本人だけでなく、中国人にもインド人にもアメリカ人にもアフリカ人にもオーストラリア人にも。特に日本に中長期で滞在する外国人向けの英語対応完備のサービスアパートメントの運営に携わった十二年間には、延べ四万人のビジネスパーソンにお会いしましたが、その約八〇パーセントが男性です。また、出張でイタリア、イギリス、スコットランド、フランス、中国、台湾、インド、米国、シンガポール、韓国などを訪れ、多くの会議に参加させていただきました。

そうした経験を通じて、一つ感じたことがあります。それは、男性がいつも「なんでも知っている必要性」というプレッシャーの中で仕事をしていることです。「自信」が成否を左右するビジネスの現場で、多くの男性は独自の知識やノウハウを必死に披露しないといけません。プレゼンテーション力、アピール力が重視されるのです。タフで豊富な経験と幅広い知識を持つ男性は、周りから「できる人」と評価されるような気がします。

実際に、自己アピールに必死な方にたくさんお会いしました。そして、その行動の落とし穴もたくさん見てきました。

自己アピールがよくできて第一印象がよい方でも、アピールしたほどのノウハウや経験に見合った業績が伴わなければ、一気に信用を失います。会社のさまざまな部門に行き、起業家としてさまざまなプロジェクトをスタートさせるけれど、最もハードな「クロージング」の部分がなかなかできない男性を数多く見てきました。私の先輩で成功している経営者は、不思議なことに、こういった種類の男性を見抜くことができます。必要に応じてその方の能力を活用するものの、新規事業を立ち上げるプロジェクトの中核メンバーには絶対に抜擢《ばってき》しようとしません。

この文章を読んでいる女性の中には、ビックリされている方もあるかもしれませんね。ビジネスの場では少数派の私たち女性から見ると、自信満々で自己ピーアールの上手な男性は、上手にネットワークに入り込んで、上層部からも絶大な信頼を受けているように見えるからです。勝手にそう思い込んで〝私だけが何もできない〟という、孤独な気持ちになったりしていませんか？

ジャングルのダックスフント

そんな女性のために、ちょっとしたミステリーを暴露しましょう。

「会社を発展させる」「雇用を守る」「顧客の満足度を上げる」ということに注力する会社の経営陣は、これらの達成のために、どんな社員もどんなパートナーも建設的に用いるようにします。まだまだ男性陣が大半を占める職場の場合、さまざまな男性を巻き込み、チームとしての一体感を出し、業績アップの原動力をつくらなければなりません。

よく考えてみてください。週末の朝はベッドの中でゆっくりして、起きてから慌てて料理のための買い物に出かけたくはないですよね。冷蔵庫を開けて、そこにある野菜や材料でどうにか間に合わせるでしょう。たとえるなら、会社もそういったものです。大企業はともかく、ほとんどの会社は人を選ぶことができないとすれば、そこにいる人の強みを見いだし、最大限に活用するしかありません。

会社はジャングルのようなものだと思います。この成長期の五十年間、日本の経済圏のジャングルには、サルだけが住んでいました。バナナを好み、木から木への移動はしっぽを使いながら、優雅にぶらりぶらりとターザン風に動きます。サルにはサルの言語があり、チームワークも抜群です。そして、ボスも同じサルである部下の考え方をよく理解でき、あうんの呼吸や「言わなくても分かる」という環境が成立します。

ところがある時、食料が足りなくなり（経済低迷）、サルがいつも食べているバナナ（既存商品）に加え、地面に埋まっているナッツ（新規商品）を探し出さなければならなくなります。その時、ボスは気づきます。ジャングルの外の野原にいるダックスフント（女性陣）には、ナッツがある場所を発見してこれを掘り出す能力（新規商品を考案して新規マーケットを発掘する能力）があり、その力が加わると、ジャングルの存続は確実になるということに。

こうしてダックスフント・ワーカーを募集し、ジャングルに少しずつダックスフントが入り始めるのです（女性の企業参画）。

ところが、ダックスフントはバナナが食べられませんし、木に登ることすらできません。また、言語も異なるため、サルチームの「言わなくても分かる」という環境に溶け込めず、ひどい疎外感を覚えます。ダックスフントにとって、ジャングルでの生活はおもしろくないし、モチベーションが下がって本来の特技が生かされず、新しい食料の発掘に協力できない状況に陥るのです。

そして「ジャングルはつらいよ！」というウワサが野原まで広がると、他のダックスフントもジャングルに入ろうとしなくなります。

このように、古いやり方や古い商品にいつまでもこだわり続け、変化に適応できない状況は、ジャングルに住んでいるサルたち自身の首を絞める結果になるのです。そのことを誰よりも熟知し、危機感を持っているのがボス（経営者）です。

説明するまでもないと思いますが、このたとえ話は、日本の女性の社会進出のストーリーです。男性はサル、ダックスフントは女性。かわいい例でしょう？

私はダックスフントをやって三十年近くになりますから、すでに狼《おおかみ》に進化しているかもしれません。そのキャリアから、皆さんへのメッセージがあります。

一つは、周りはどうあっても、自分のアドバンテージと価値を自覚する努力をしていただきたいということ。そしてもう一つは、「このままでは存続できない」ということを痛感している会社のトップや社会のリーダーたちの言葉に耳を傾けていただきたいということです。本来の自分を知り、トップの言葉を信じることが、女性陣（ダックスフント）の最も大事なサバイバル・スキルだと思います。

日本の女性たちのアドバンテージ

先ほど、私は多くの男性に出会ってきたと言いましたが、同じように多くの女性にも出会いました。その経験から、私はトップの経営陣（男性でも女性でも）と女性には、一つの共通点があるように感じています。

それは「信用性」と「実行力」です。

育った環境の違いかもしれませんが、女性は男性に比べて、あまりガンガン自己アピールをしません。相手に強烈な印象を与えることに必死な女性には、それほど会ったことがありません。どちらかと言うと相手の話に熱心に耳を傾けたり、自分をへりくだって表現したりする方が多いようです。

簡単な例で言うと、女性の場合は「アメリカのアラバマ州に四年間留学しました」と事実だけを言って自己紹介を終えるところを、男性は「アラバマ州に四年間留学しましたので、アメリカの南部の方々の気持ちはよく分かります」と言うような違いです。両方とも嘘《うそ》はなく、スタイルの優劣もありませんが、前者の女性は後者の男性の自己紹介を聞くと〝負けた〟という気持ちになりやすいのです。〝自分にはそういう自信はないな〟と思う可能性が高いと思います。

でも、そうではないのです。

経営陣やトップリーダーは、オーバーに話さないことこそがこれからのビジネスには不可欠であると分かっています。四年ほど前、全インドの優良ＩＴ企業のトップが集まる国際会議で、『フラット化する世界』の著者として有名なトーマス・フリードマン氏によるプレゼンテーションがありました。その中で、これからの時代は「ついて来い！」系のリーダーではなく、多様なチームメンバーのそれぞれの強みを見いだせる能力を持つリーダーこそが求められると聞いて、なるほどと思いました。

強くて鋭い指摘をし、みんなを引っ張って行くようなスタイルではなく、みんなの仲介役を務め、折衷案を見つけ、コンセンサス・ビルディングができるファシリテーター系のリーダーが必要になるとのことです。自己アピールよりも、へりくだって相手の話を聞きたがる、トークよりも実績で見せる、まさに女性陣の出番です！

経営陣はこのようなことを考え、日々、さまざまな角度から私たちの可能性を見きわめようとしているのです。そう思うと元気になり、モチベーションが上がりませんか？

自分をさらけ出せる、だから強い

女性は自分をさらけ出せるから強い。こうした女性の得意とする能力を、実は多くのトップ経営者も同じように持っています。私を育ててくださった江副浩正《えぞえひろまさ》さんは、まさにその通りの方でした。江副さんだけでなく、今まで私は数名の「優れた経営者」と一緒に働く機会に恵まれましたが、国籍を問わず共通しているのは、このへりくだった姿勢です。

英語だと「Humble（謙虚）」と言いたいのですが、どちらかと言うと「Unobtrusive, unassuming, interested」という言葉が思い浮かびます。もう一つ、総じて言えることは、とても根強い勇気があることです。「ばかになれる勇気」「さらけ出す勇気」「Take the bullet first」……。要するに自分が「優れた人」に見えなくても大丈夫と思えるかどうかが、ビジネス成功への一つの鍵《かぎ》でもあるような気がします。

例えば、社内向けの会議でも、新採用のための面接の場でも、重要な取引先との決済会議でも、江副さんは他の人が考えつかないような質問やコメントを投げかけます。

例えば「僕は現場のスタッフを全員、外国籍の方にしたほうがいいと思う」といった発言です。その時、外国籍のスタッフは十人中、わずか二名であったとしても、みんなが「ちょっと待って！　今のスタッフはどうするつもり？　何を言っているのかさっぱり分からない！」と言いたくなるような大胆な発言を、あえてするのです。今思うと「ばかになる」ことでみんなの反発を引き出しながら、建設的な議論をする会に導こうとしていたようです。

若手社員が江副さんの発言や質問を聞いて、つい生意気なコメントを発したり、笑いをこぼしたりするようなシーンは、数えきれないほどありました。

また、江副さんは、年老いても人から学ぼうとする姿勢だけは変わりませんでした。新入社員、タクシーの運転手さん、委託先のアルバイトさん……。どんな人からも、その人の持っている情報を得ようとしました。ご自分の話をするのはごく少人数のミーティングやスピーチの場面のみ。ふだんは質問攻撃で、楽しくワイワイと学ぶ経営者でした。

私の直属の社長も、たいへん腰の低い方でした。私がある時、社内の営業部と業務部の役割分担が抽象的すぎて、私が他の人の領域の業務までやらないといけない状況になっていることに対して、会議で愚痴をこぼしました。すると社長から、はっきりと言われました。「ルーシーは全部やるのよ」と。

〝WHAT⁉〟と思いました。でも、それくらいの責任感を持って全体を把握する気持ちがなければ、リーダーにはなれないなと思いました。

これからの女性に何が必要なのか気づきましたか？

そうなのです。「腰が低い」とか「全部やる」という経営陣が繰り広げる能力は、基本的に女性が得意とするものだらけですね。相手の欠点を指摘したり、自分の自慢をしたりすると、うまくいきません。トークで強烈な印象を与えようとするより、相手の話を聞き、相手から学ぶ姿勢を持ち、最後までしっかりと仕事を成し遂げることが女性の長所です。ピーター・ドラッカーの著書など、経営者のための本を、ぜひ今一度、読んでみてください。「有言実行」「信用性」「聞き上手」ということが、とても大切にされています。

この三点を実践できれば、結婚して子供ができても、在宅でもフレックスタイムでも、あなたを採用したいと考える会社は計り知れないでしょう。「Know your worth」という言葉通り、サルだらけのジャングルに惑わされず、ボスの考えと「ダックスフントだからこそ貢献できる部分」にピントを合わせて継続していくと、あなたが持っているかけがえのない価値が見えてきます。

私たちダックスフントはまだまだ切り込み隊長的な立場ですが、そこに他では経験できない学びと成長のチャンスも潜んでいることを、皆さんに心から伝えたいと思います。

そうして女性たちが成長し、本来の力を一〇〇パーセント発揮することによって、私生活も社会生活も含めた人生の各段階において、女性ならではの「強み」が生かされる社会になってくるはずです。どの節目も満喫し、ハッピーな人生、ハッピーな社会を、楽しみながら築いていきたいものです。

あとがき

二〇一二年、私の初めての著書となった『日本人が世界に誇れる33のこと』が、あさ出版の佐藤和夫社長から届いた時、鳥肌が立ち、感動の涙が流れました。パッケージから本を取り出したのは夜の九時ごろでしたが、興奮のあまり、まったくのスッピンとパジャマ姿のままで娘に写真を撮ってもらって、早速「届いたよ！」というメッセージをフェイスブックにアップし、世界中のフレンドに知らせたのです。

日本で暮らす私がいつも感じていた日本のすばらしさを、本によって、よりたくさんの方にお届けすることができる。そして一人でも多くの日本人の元気と自信アップにつながるなら、私の今までの経験、時には苦労をしたことにも大きな意味がある——そう思い、感無量でした。爆発的には売れなくても、たとえ一人の読者でも「頑張る！」という気持ちになってもらえたら、それで充分だと思いました（出版社は悲しむでしょうけど……）。

本書も最終原稿が届いた時に同じく鳥肌が立ち、涙がぽろぽろと流れたのです。今度は私のチームメイトである女性陣に対して「You can do it」という励ましの内容をお届けできることに、心から感謝しています。

これからの日本には、たくさんのチャレンジがあります。そして女性陣は、恋愛、結婚、出産、仕事、介護など、人生においてさまざまなチャレンジを迎える役割を担っています。よくも悪くもマルチで頑張らないといけないポジションにいるのですね。この「マルチな人生」は、楽ではありません。クタクタ、ヘロヘロになりがちです。

私が本書を通してお届けしたかったのは、これを乗り越えるためのベストなビタミン剤です。それは自信と成功体験ではないでしょうか。そして自信があれば勇気も出て、不思議なことに成功体験がついてきます。

われわれ女性陣が同じ女性の仲間に対して心を開き、励まし合うことに力を入れれば、管理職就任、結婚、出産、社会復帰、介護、老後に際しても、より多くの女性が「Yes! I can!」と言えるようになるに違いありません。女性に対する男性陣の後押しが重要であるのと同じくらい、一人ひとりの女性の「他の女性に対する責任」も、とても大きいのです。

お互いを見る目を、思い切って優しくしていきませんか? 日本の将来は、ヤマトナデシコたちにかかっています。小さなサムライ・レディーから大先輩のサムライ・レディーまで、お互いがまばゆく輝けるような環境を共に築き上げていきましょう! Yes, we can!

二〇一五年五月

ルース・ジャーマン・白石

In Loving Memory and Honor of
Ruth Virginia Bewley, Fumiko Isokawa,
Louise Mayo McCahon and Kayoko Shiraishi

ルース・ジャーマン・白石（Ruth Jarman Shiraishi）
米国ノースカロライナ州生まれ、ハワイ州育ち。タフツ大学国際関係学部在学中に日本に留学し、卒業後の1988年、㈱リクルートに入社。29年間日本に滞在。2012年まで㈱スペースデザインに在籍し、新規事業として外国人向けの家具付きサービスアパートメントの開発・運営に携わる。2007年、欧米系女性として初の宅地建物取引主任者となる。2012年、㈱ジャーマン・インターナショナルを起業。公益財団法人日本女性学習財団評議員、一般社団法人ＨＲＭ協会理事を務めるほか、在日米国商工会議所においても多くのイベント企画を手がけ、2013年度、リーダー・オブ・ザ・イヤー（女性／東京地区）に選ばれる。２児の母としても次世代の幸せを念頭に、日本の「日本的」なグローバル化を応援している。NHK「しごとの基礎英語」をはじめとするテレビ出演のほか、日本の美点とグローバルマインドの育て方、観光誘致の心構えについての講演等、各方面で活躍中。著書に『日本人が世界に誇れる33のこと』『やっぱりすごいよ、日本人』（あさ出版）がある。
http://www.jarman-international.com/jp/

〈イラスト・まんが〉ゼリービーンズ
1973年生まれ。兵庫県在住。2002年よりフリーランスのイラストレーターになる。主に書籍、雑誌、企業パンフレットなどで活動中。

世界に輝く ヤマトナデシコの底力

平成27年6月10日　初版発行

著　者　ルース・ジャーマン・白石
発　行　公益財団法人 モラロジー研究所
〒277-8654 千葉県柏市光ヶ丘2-1-1
TEL 04-7173-3155（出版部）
http://www.moralogy.jp/
発　売　学校法人 廣池学園事業部
〒277-8686 千葉県柏市光ヶ丘2-1-1
TEL 04-7173-3158
印　刷　横山印刷株式会社

ISBN978-4-89639-248-7